하루가 즐거워지는
앞치마

하루가 즐거워지는 앞치마

개정증보 1쇄 펴낸날 2024년 1월 11일

지은이 _ 부티크사 편집부
옮긴이 _ 남궁가윤
펴낸이 _ 정원정, 김자영
편집 _ 홍현숙
디자인 _ 김민정

펴낸곳 _ 즐거운상상
주소 _ 서울시 중구 충무로 13 엘크루메트로시티 1811호
전화 _ 02-706-9452   팩스 _ 02-706-9458
전자우편 _ happydreampub@naver.com
인스타그램 _ happywitches
출판등록 _ 2001년 5월 7일
인쇄 _ 천일문화사

ISBN 979-11-5536-072-9 (13630)

하루가 즐거워지는
앞치마

쉽게
만들어
입는 옷
13

즐거운상상

contents

Part 3

특별한 날 입는
앞치마

Part 4

허리 앞치마

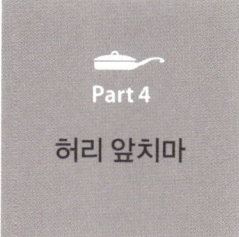

Part 1

기본 앞치마

앞치마는 옷이 더러워지는 것을
막기 위해 입지만, 맘에 드는 앞치마를
입고 일을 하면 기분이 좋아집니다.
마음이 따뜻해지는 디자인과
감촉이 좋은 옷감을 골라 매일 입을 수
있는 앞치마를 만들어 보세요.

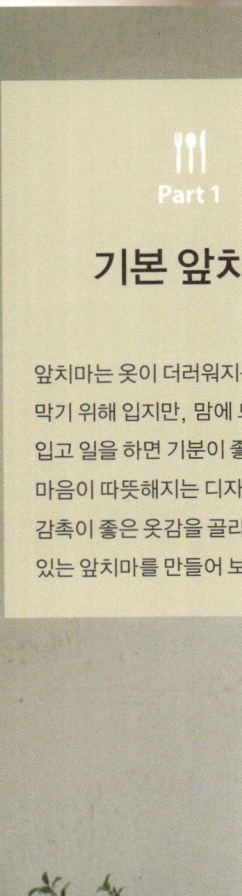

꽃무늬 앞치마

목에 느슨하게 걸고 뒤쪽에서 겹쳐서 입는 긴 앞치마예요.
유행을 타지 않는 기본 스타일이지만 세련된
꽃무늬 옷감으로 만들면 누구에게나 잘 어울리는
예쁜 앞치마가 된답니다.

1

만드는 법	page 79
옷감	코스모텍스타일(KP9047-1)
제작	가네마루 가호리

6

스트라이프 앞치마

2

경쾌한 느낌의 스트라이프 천으로 만든 앞치마는
남녀 구분없이 사용할 수 있어 좋아요.
앞쪽에 슬릿을 넣어서 움직이기 아주 편하지요.
요리할 때, 집안 청소나 정원 가꾸기 등 일상에서
다양하고 유용하게 입을 수 있어요.

만드는 법	page 80
옷감	코스모텍스타일(AY7044-6)
제작	가네마루 가호리

끈을 묶지 않는 세련된 뒷모습

북유럽풍 프린트 앞치마

밝고 화사한 프린트가 기분까지 상큼하게 만드는
북유럽풍 프린트 앞치마.
어깨끈은 무지원단으로 만들어서 악센트를 주었어요.
뒤에서 교차하는 어깨끈은 미리 박아 놓았기 때문에
티셔츠 입듯 쓱 입을 수 있어요.
살짝 짧은 길이가 경쾌한 느낌을 주지요.

만드는 법	page 87
옷감	코스모텍스타일
	(무늬 / AP75306-2C 민무늬 / AD22000-5)
제작	쇼지 아오미

3

8

하프리넨으로 만든
튼튼한 앞치마

하프리넨 트윌로 만들어서 평소에
작업용으로 입기 딱 좋은 튼튼한 앞치마예요.
작품 3보다 길이가 길어 무릎 아래까지
내려옵니다.

4

만드는 법	page 10
옷감	기요하라
제작	쇼지 아오미

재료
옷감(하프리넨 트윌) 110cm 폭 140cm
접은 바이어스테이프 12.7mm 폭 110cm

실물 크기 옷본

◆ A면 4: 몸판 / 주머니 / 안단 / 어깨끈

기본 옷본 제도

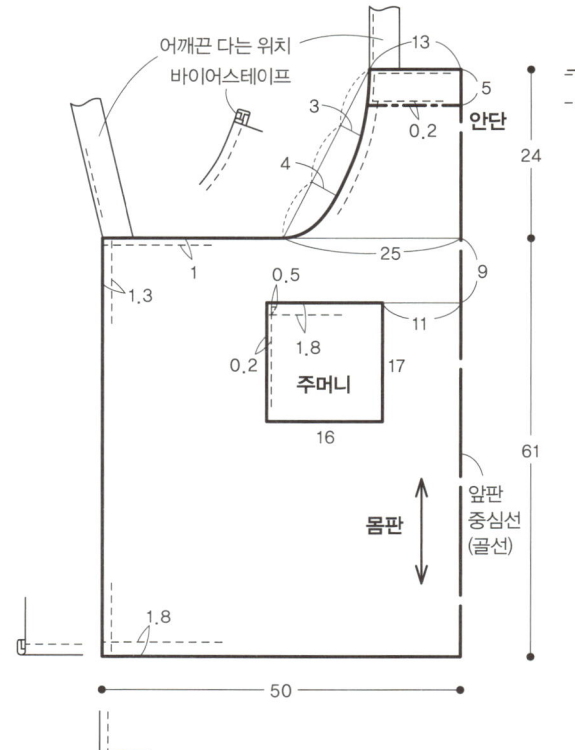

어깨끈 다는 위치
바이어스테이프

13
3   5
0.2   **안단**
4
24
25   9
11
1
0.5
1.8
0.2   **주머니**   17
16
1.3
몸판
앞판
중심선
(골선)
61
1.8
50

어깨끈(2장)

8   앞
59
접음선
뒤
1.5   1.5

0.2

[옷감을 마름질하는 법]

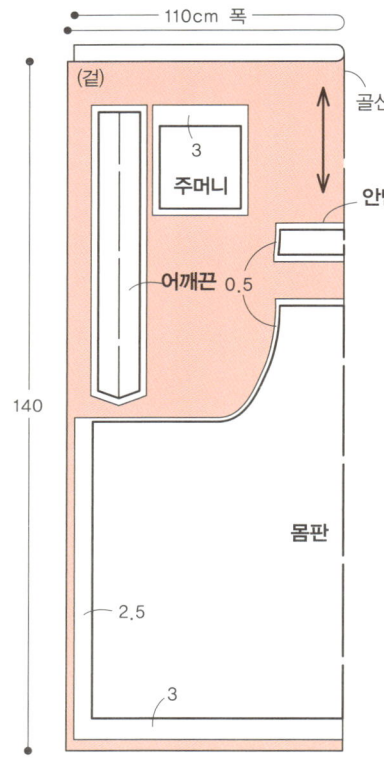

110cm 폭
(겉)   골선
안단
3
주머니
어깨끈   0.5
140
몸판
2.5
3

※ 정해진 곳 이외의 시접 치수는 1cm

[만드는 순서]

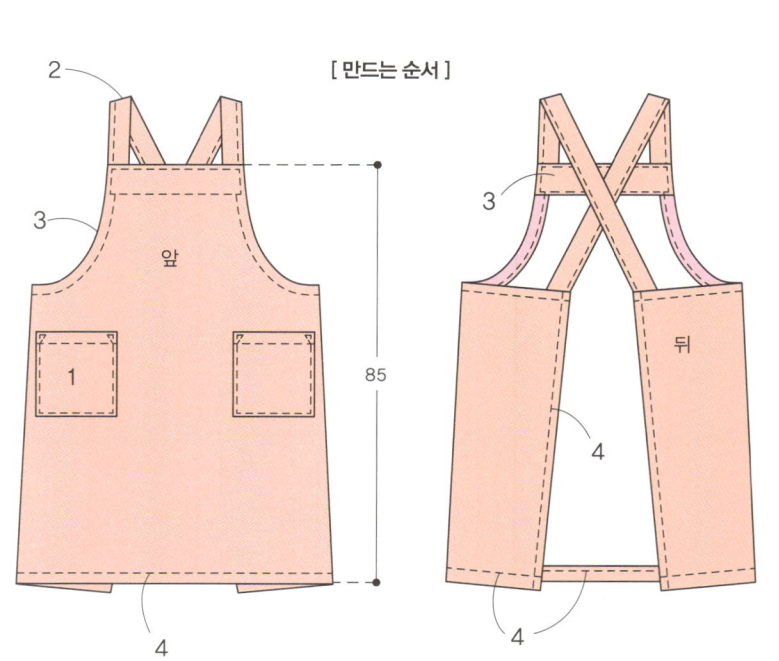

2
3
앞
1
85
3
4
뒤
4
4

1 주머니를 만들어서 단다.

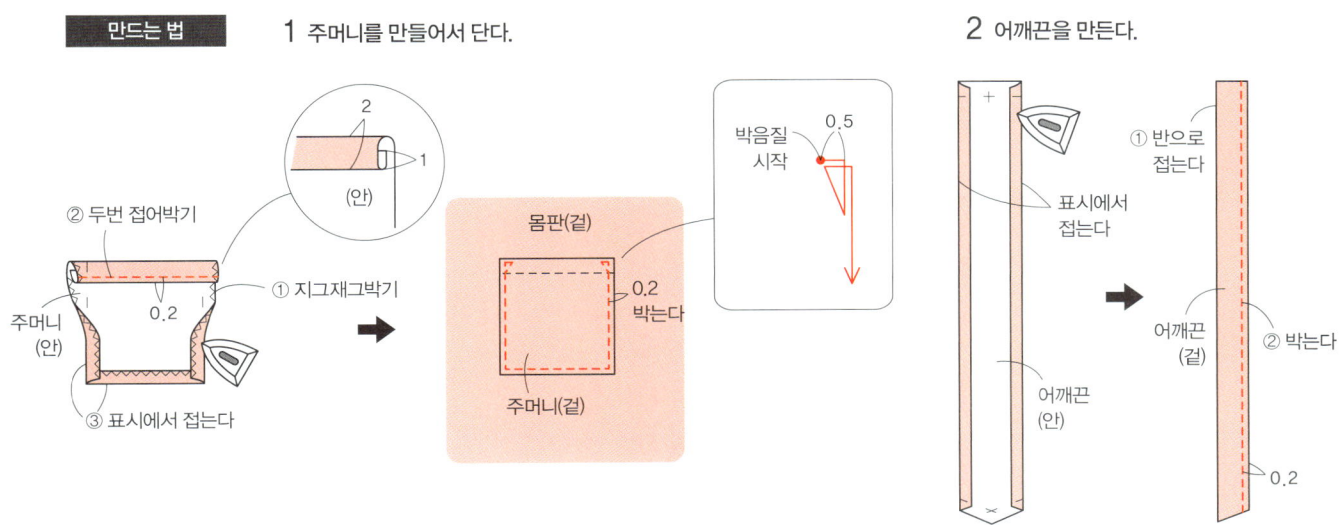

② 두번 접어박기

(안)

① 지그재그박기

주머니
(안)

0.2

③ 표시에서 접는다

몸판(겉)

주머니(겉)

박음질
시작

0.5

0.2
박는다

2 어깨끈을 만든다.

표시에서
접는다

① 반으로
접는다

어깨끈
(겉)

② 박는다

어깨끈
(안)

0.2

3 어깨끈을 끼우고 가슴선과 진동둘레를 박는다.

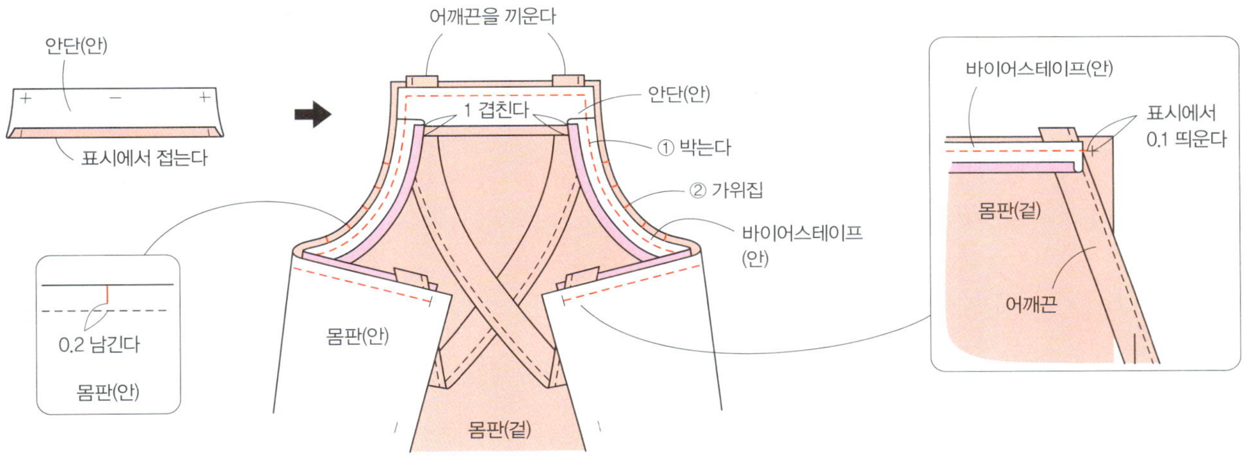

안단(안)

+ − +

표시에서 접는다

0.2 남긴다

몸판(안)

어깨끈을 끼운다

1 겹친다

안단(안)

① 박는다

② 가위집

바이어스테이프
(안)

몸판(안)

몸판(겉)

바이어스테이프(안)

표시에서
0.1 띄운다

몸판(겉)

어깨끈

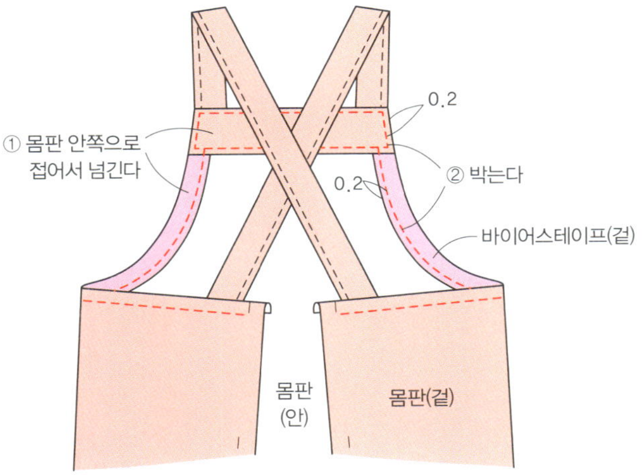

① 몸판 안쪽으로
접어서 넘긴다

0.2

0.2

② 박는다

바이어스테이프(겉)

몸판
(안)

몸판(겉)

4 뒤판 끝선을 박고 밑단을 박는다.

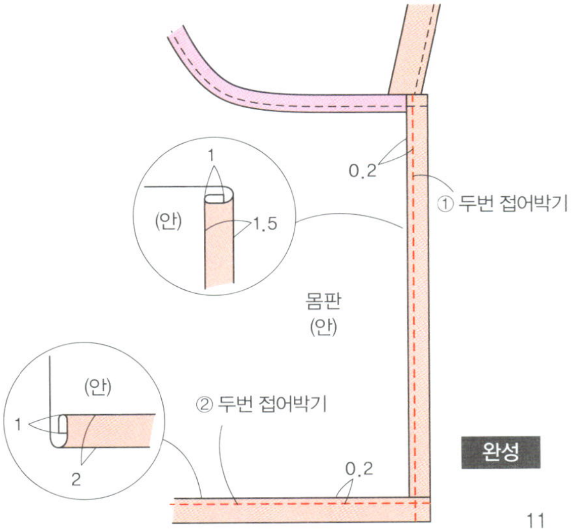

0.2

① 두번 접어박기

(안)

1

1.5

몸판
(안)

(안)

1

2

② 두번 접어박기

0.2

완성

11

5

깅엄체크 앞치마

끈을 목에 걸고 뒤에서 묶는 스타일의 간단하고 기본적인 앞치마입니다.
잠깐 집안일을 할 때 얼른 입을 수 있어서 편해요.
와인색 깅엄체크로 만들면 차분한 느낌이 납니다. 주머니는 양옆에 달았어요.

6

블루 스트라이프 앞치마

작품 5와 같은 디자인으로 만든 블루 스트라이프 앞치마입니다.
끈과 주머니 부분은 가로줄무늬가 되도록 배치하여
산뜻한 느낌으로 만들었습니다.
길이가 짧아서 움직이기도 편하고 여러모로 쓸모 있어서
추천하는 디자인이랍니다.

만드는 법	page 14
옷감	기요하라
제작	호시노 기쿠요

13

[만드는 순서] (공통)

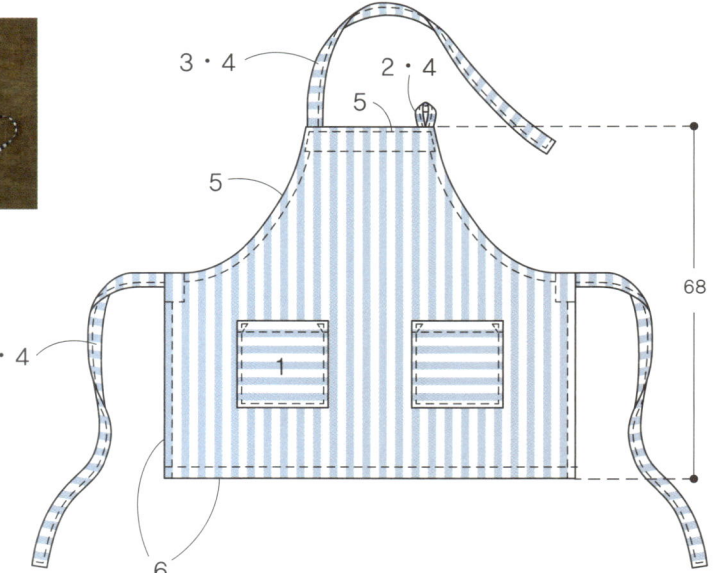

3 · 4
2 · 4
5
5
5
3 · 4
1
68
6

재료

옷감(면) 110cm 폭 130cm

접은 바이어스테이프 12.7mm 폭 90cm

실물 크기 옷본

◆ **B면 25** : 몸판 / 안단 / 덧댐천

※ 주머니, 어깨끈, 허리끈, 천루프는 직선 부분이므로
옷감에 직접 그려서 마름질합니다.

◆ **옷본 수정하는 법**

※ 몸판과 안단의 앞판 중심에서 가슴너비를 1cm 줄이고,
뒤판 끝선에서 3cm 추가합니다.

※ 주머니를 그립니다.

허리끈(2장) · **어깨끈**(1장)

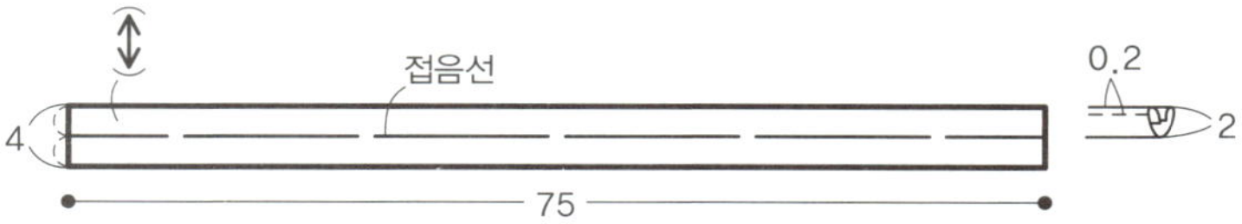

접음선
0.2
2
4
75

[옷감을 마름질하는 법] (공통)

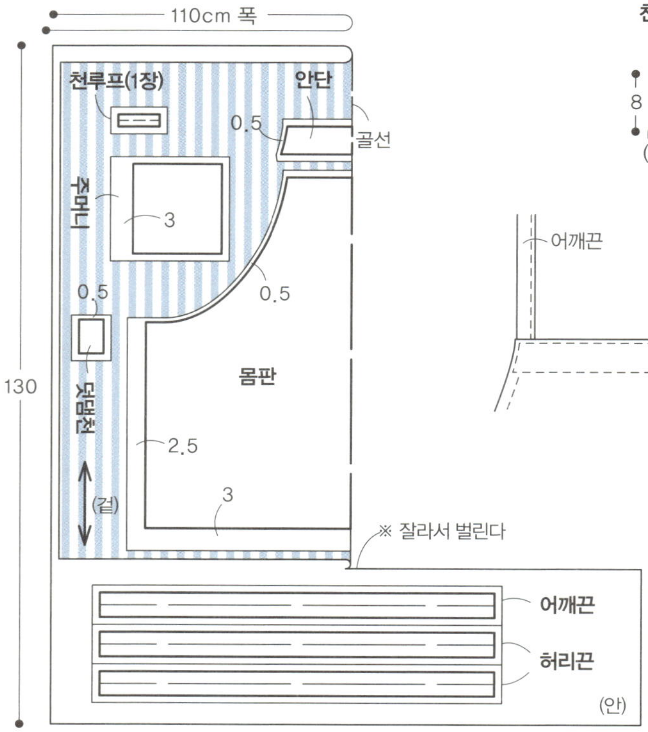

110cm 폭

천루프(1장)
안단
0.5
골선
주머니
3
0.5
0.5
0.5
몸판
덧댐천
(겉)
2.5
130
3
※ 잘라서 벌린다
어깨끈
허리끈
(안)

※ 정해진 곳 이외의 시접 치수는 1cm

천루프
2
8
0.2
(↔)
1

어깨끈
천루프
4
1

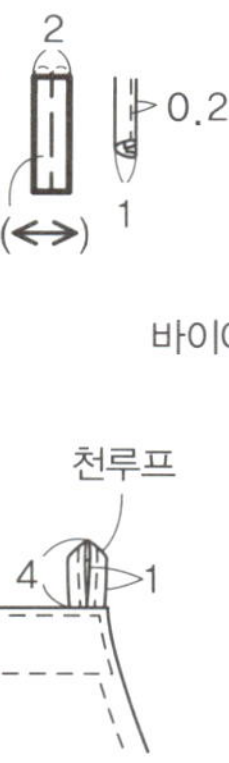

옷본 수정하는 법 (공통)

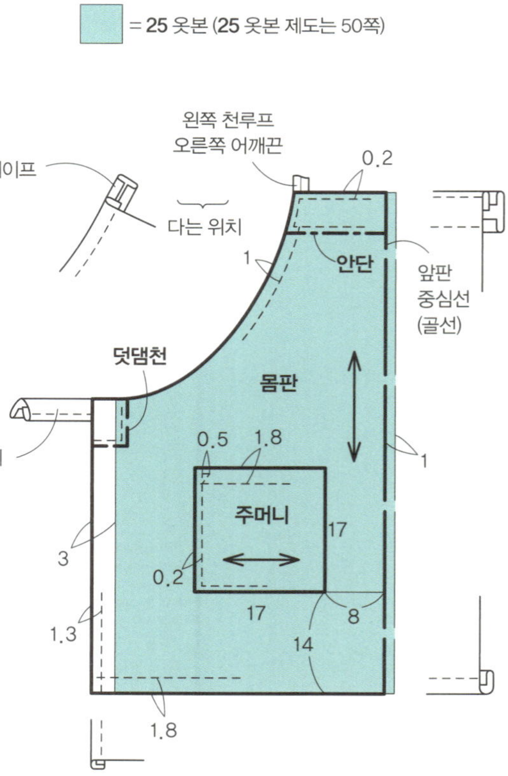

= **25** 옷본 (**25** 옷본 제도는 50쪽)

바이어스테이프
왼쪽 천루프
오른쪽 어깨끈
다는 위치
0.2
안단
1
앞판
중심선
(골선)
덧댐천
몸판
1
허리끈 다는 위치
0.5 1.8
3
주머니
17
0.2
17
8
1.3
14
1.8

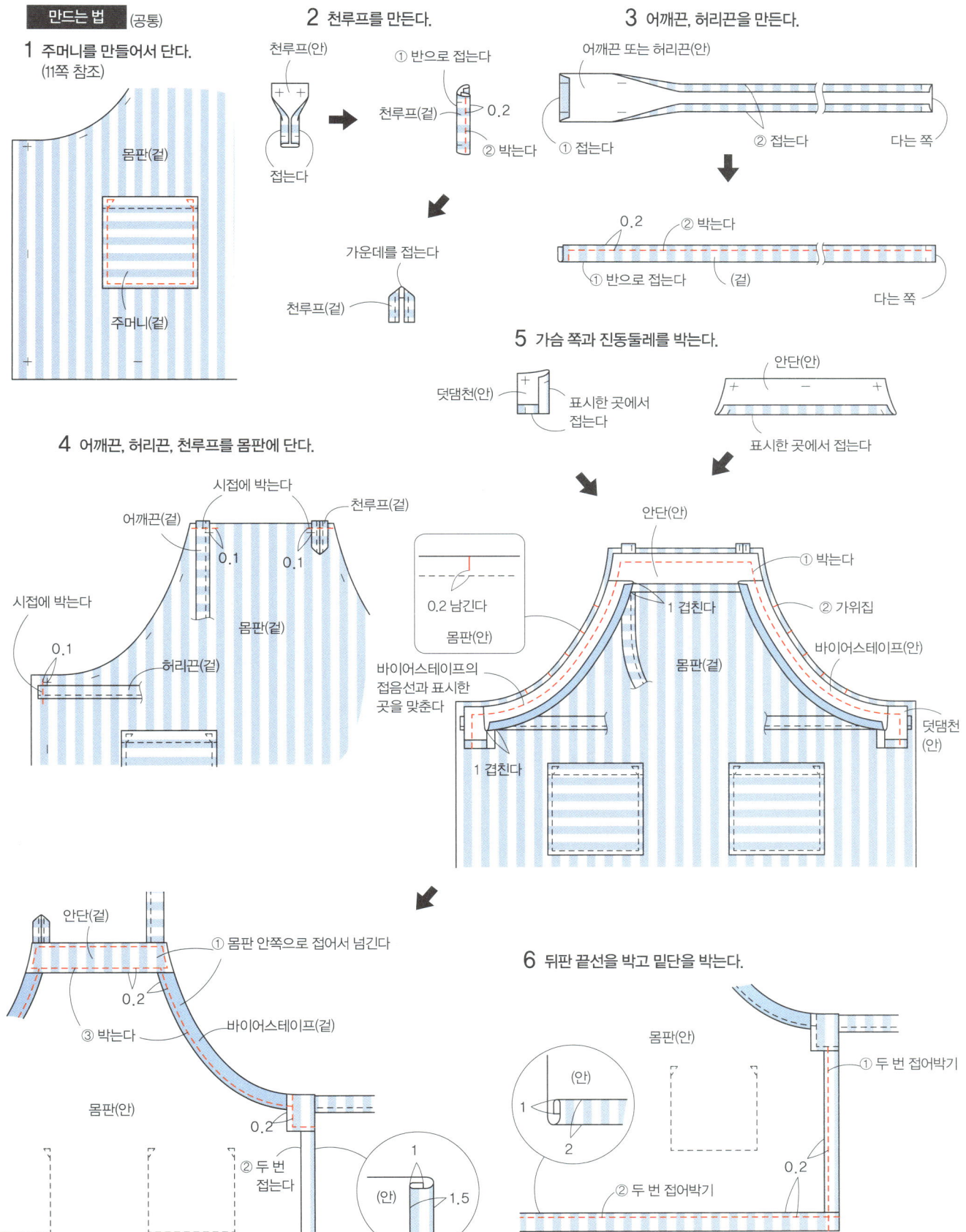

만드는 법 (공통)

1 주머니를 만들어서 단다.
(11쪽 참조)

몸판(겉)

주머니(겉)

2 천루프를 만든다.

천루프(안)

접는다

① 반으로 접는다

천루프(겉)
0.2
② 박는다

가운데를 접는다

천루프(겉)

3 어깨끈, 허리끈을 만든다.

어깨끈 또는 허리끈(안)

① 접는다
② 접는다
다는 쪽

0.2
② 박는다
① 반으로 접는다
(겉)
다는 쪽

4 어깨끈, 허리끈, 천루프를 몸판에 단다.

시접에 박는다
어깨끈(겉)
천루프(겉)
0.1
0.1
시접에 박는다
몸판(겉)
0.1
허리끈(겉)

5 가슴 쪽과 진동둘레를 박는다.

덧댐천(안)
표시한 곳에서 접는다

안단(안)
표시한 곳에서 접는다

0.2 남긴다
몸판(안)

바이어스테이프의 접음선과 표시한 곳을 맞춘다

안단(안)
① 박는다
1 겹친다
② 가위집
바이어스테이프(안)
몸판(겉)
덧댐천(안)
1 겹친다

안단(겉)
① 몸판 안쪽으로 접어서 넘긴다
0.2
③ 박는다
바이어스테이프(겉)
몸판(안)
0.2
② 두 번 접는다
1
(안)
1.5

6 뒤판 끝선을 박고 밑단을 박는다.

몸판(안)
(안)
1
2
① 두 번 접어박기
② 두 번 접어박기
0.2

앞뒤 두 번 묶는
폭이 낙낙한 앞치마

뒤판은 앞에서, 앞판은 뒤에서 묶는 형태의
앞치마는 몸에 맞게 조절할 수 있어서
체형을 가리지 않습니다.
낙낙하게 입을 수 있어서 좋아요.

7

검정색 테이프로 묶음끈을 달아서
악센트를 주었어요.

만드는 법	page 18
옷감	코스모텍스타일(AP71503-1A)
제작	고바야시 가오리

8

심플한 리넨 앞치마

원피스처럼 입는 타입의 앞치마는
착용이 편하고 풍성한 실루엣이 매력있어요.
허리에 끈을 묶어 맵시 있게 입어 보세요.
세탁할수록 촉감이 좋아지는 선염 리넨으로 만들었어요.

만드는 법 │ page 82
│ 제작 │ 고바야시 가오리

재료
옷감(면 브로드클로스 줄무늬) 110cm 폭 M 230cm / L 240㎝
능직 테이프 20mm 폭 M 280cm / L 300cm
접은 바이어스테이프 12.7mm 폭 M 310cm / L 320cm

옷본 수정하는 법

　= 8 옷본

(8 옷본 제도는 82쪽)

2단으로 적힌 숫자는
M, L 치수이고 하나만 있는
숫자는 공통

실물 크기 옷본

◆ A면 8 : 앞·뒤판

※ 실물 크기 옷본을 옮겨 그릴 때는 앞판과
　뒤판을 따로 그립니다.

※ 앞·뒤판 옷본은 2장으로 나뉘어 있으므로
　옷본 2장을 맞대고 옮겨 그려서
　옷본 1장으로 만듭니다.

◆ **옷본 수정하는 법**

※ 길이를 짧게 하고 몸판 폭을 늘립니다.

※ 주머니를 그립니다.

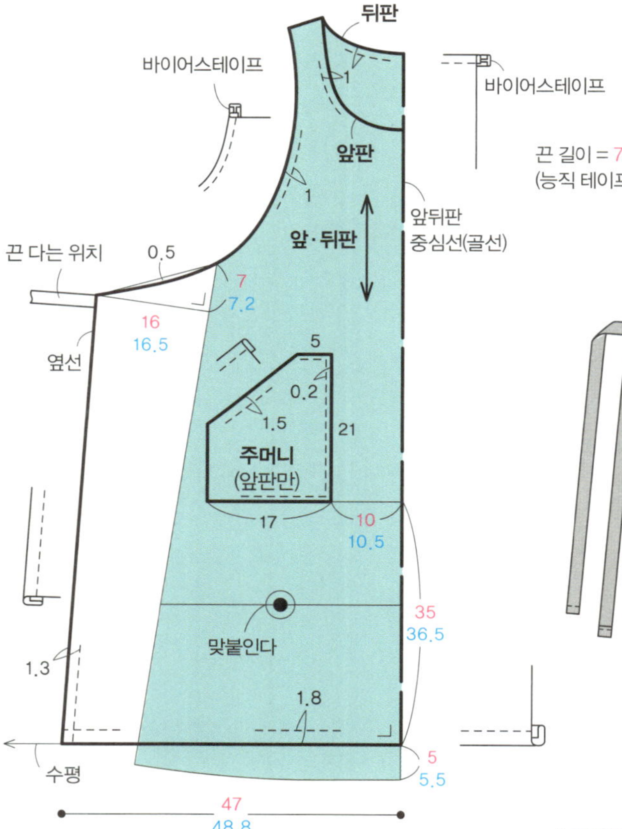

바이어스테이프
뒤판
앞판
바이어스테이프
앞판
1
앞·뒤판
1
앞뒤판
중심선(골선)
끈 다는 위치
0.5
7
7.2
16
16.5
옆선
5
0.2
1.5
21
주머니
(앞판만)
17
10
10.5
35
36.5
맞붙인다
1.3
1.8
5
5.5
수평
47
48.8

끈 길이 = 70 73을 4장
(능직 테이프)

[만드는 순서]

2
3
3
1
4
104
108

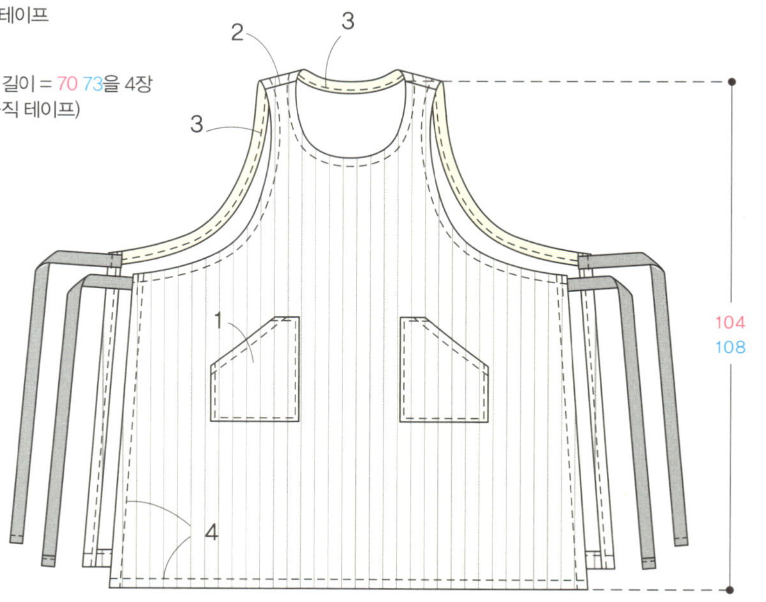

[옷감을 마름질하는 법]

※ 정해진 곳 이외의 시접 치수는 1cm

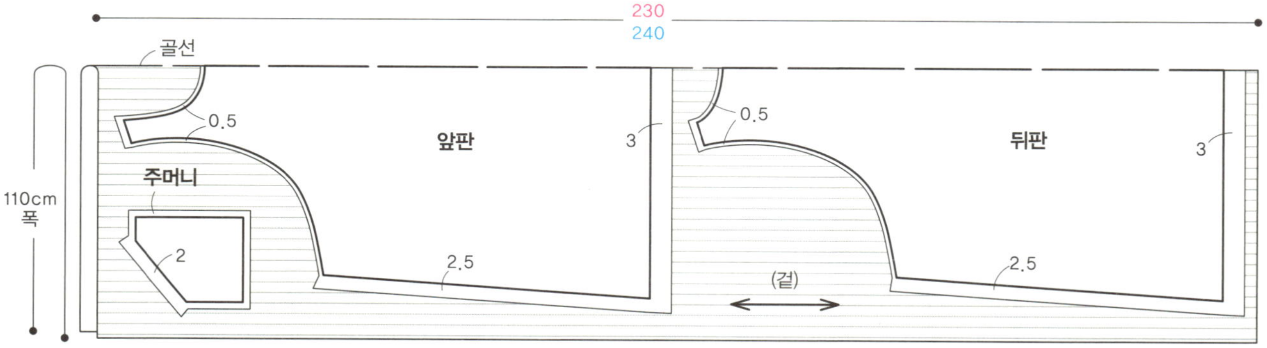

230
240
골선
0.5
앞판
3
0.5
뒤판
3
110cm
폭
주머니
2
2.5
(겉)
2.5

만드는 법 ◆ 준비 작업 : 마름질하여 가장자리를 지그재그로 박는다. (주머니, 어깨선)

1 주머니를 만들어서 단다.

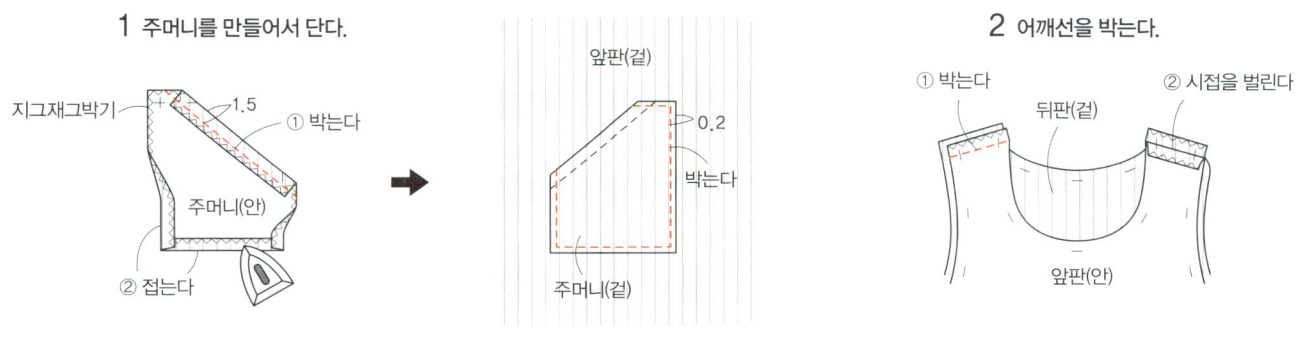

지그재그박기
1.5
① 박는다
주머니(안)
② 접는다

앞판(겉)
0.2
박는다
주머니(겉)

2 어깨선을 박는다.

① 박는다
뒤판(겉)
② 시접을 벌린다
앞판(안)

3 목둘레선과 진동둘레를 박는다.

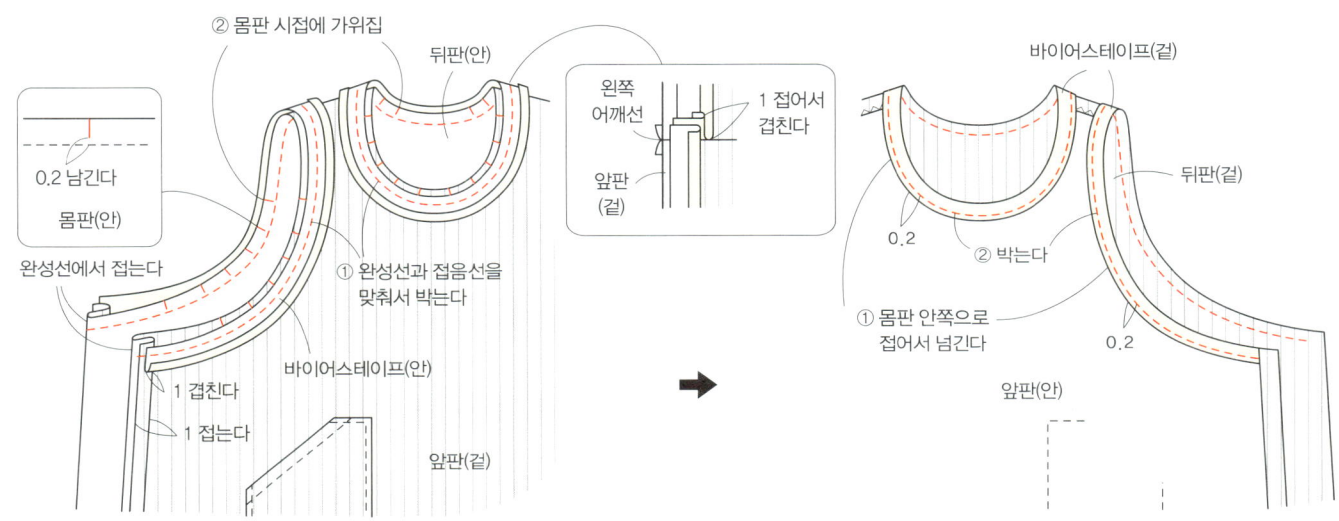

② 몸판 시접에 가위집
뒤판(안)
0.2 남긴다
몸판(안)
완성선에서 접는다
① 완성선과 접음선을 맞춰서 박는다
바이어스테이프(안)
1 겹친다
1 접는다
앞판(겉)

왼쪽 어깨선
1 접어서 겹친다
앞판(겉)

바이어스테이프(겉)
뒤판(겉)
0.2
② 박는다
① 몸판 안쪽으로 접어서 넘긴다
0.2
앞판(안)

4 밑단을 박고, 끈을 끼워서 옆선을 박는다. (뒤판도 같음)

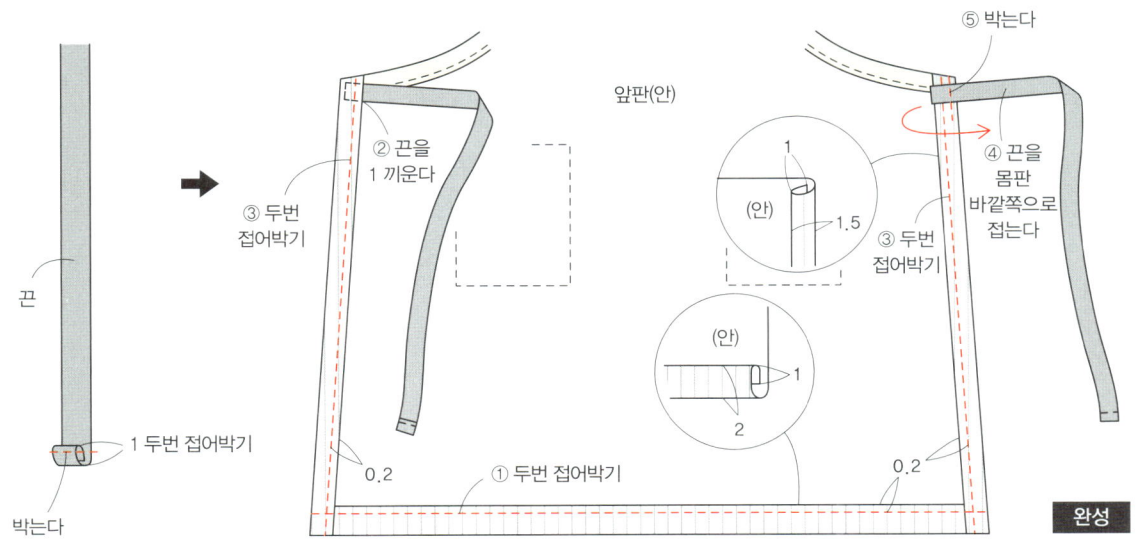

끈
1 두번 접어박기
박는다

② 끈을 1 끼운다
③ 두번 접어박기
0.2
① 두번 접어박기
앞판(안)

⑤ 박는다
1
(안)
1.5
③ 두번 접어박기
④ 끈을 몸판 바깥쪽으로 접는다
(안)
1
2
0.2

완성

9

살로페트 데님 앞치마

데님으로 주름을 풍성하게 잡아 만든
살로페트 스커트풍 앞치마예요.
허리끈은 뒤에서 앞으로 돌려서 묶습니다.
단정하면서도 귀여운 디자인에 마음이 끌린답니다.

＊ 살로페트 스커트
　가슴받이가 달린 스커트. 등에서부터 양어깨 너머로 멜빵을 걸쳐
　단추 등으로 고정하는 스타일.

만드는 법	page 84
옷감	홈크래프트
제작	오자와 노부코

살로페트 줄무늬 앞치마

치맛단에 접박기를 하고 스커트 길이를
길게 한 디자인이예요. 회색과 아이보리의
내추럴한 스트라이프가 부드러운 느낌을 줍니다.

10

어깨끈은 뒤에서 교차시켜 단추로 잠그는 디자인이에요.

만드는 법	page 84
옷감	코스모텍스타일(AY7050-5A)
제작	오자와 노부코

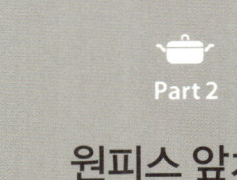

Part 2

원피스 앞치마

집안일을 하다가 잠깐 외출할 때도
입을 수 있는 원피스 앞치마.
하루 종일 입고 있어도
편안한 착용감이 매력있어요.

슬릿 트임은 그로그랭 리본으로 묶습니다.

브이넥 원피스 앞치마

소매 달린 브이넥 원피스 앞치마.
양옆에 주머니를 달아 기능적인 면을 더했습니다.
무릎까지 오는 길이로 레깅스나 바지 위에
입어도 잘 어울려요.

만드는 법	page **24**
옷감	코스모텍스타일(AY4444-1N)
제작	가네마루 가호리

| 만드는 법 | page 88

| 옷감 | 코스모텍스타일(AY4444-1N)
| 제작 | 오자와 노부코

주름이 귀여운
튜닉 원피스 앞치마

가슴과 뒤쪽 목둘레 부분에 굵은 고무줄을
끼워서 주름을 잡은, 풍성하고 귀여운 튜닉 길이의
원피스 앞치마입니다.
각 부분이 모두 직선으로 되어 있어서,
옷본이 필요 없는 간단한 디자인입니다.
머리부터 쑥 넣어 입을 수 있어 입고 벗기 간편한
스타일이에요.

12

재료
옷감(선염 면) 110cm 폭 M 240cm / L 250cm
접착심지(FV-2N) 112cm 폭 30cm
그로그랭 리본 10mm 폭 80cm

2단으로 적힌 숫자는
M, L 치수이고 하나만 있는
숫자는 공통

실물 크기 옷본

◆ B면 13 : 앞·뒤판 / 앞쪽 안단 / 뒤쪽 안단
※ 실물 크기 옷본을 옮겨 그릴 때는 앞판과 뒤판을 따로 그립니다.

◆ **옷본 수정하는 법**
※ 뒤판 중심선은 박아서 잇도록 수정하여 트임을 만듭니다.
※ 길이를 길게 하고 주머니를 그립니다.

[옷감을 마름질하는 법]

옷본 수정하는 법

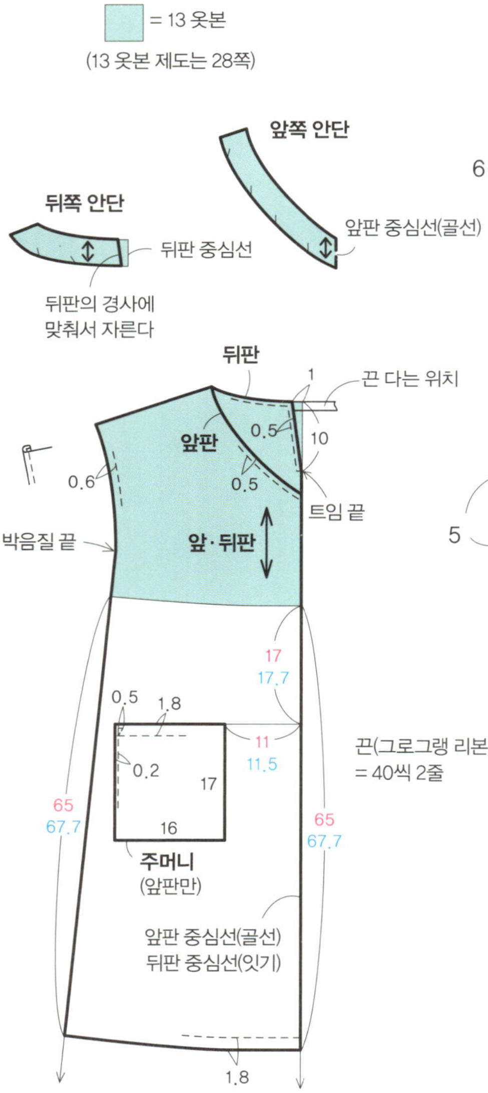

= 13 옷본
(13 옷본 제도는 28쪽)

뒤쪽 안단

앞쪽 안단
앞판 중심선(골선)

뒤쪽 안단
뒤판 중심선
뒤판의 경사에
맞춰서 자른다

110cm 폭

뒤쪽 안단   앞쪽 안단   골선
0   0

3
주머니   앞판

1.5
3

[만드는 순서]

2
6   6
3

97.5
101

1

앞

5

뒤판
1   끈 다는 위치
앞판   0.5   10
0.5   트임 끝
0.6
앞·뒤판
박음질 끝   트임 끝

240
250

17
17.7

0.5   1.8
0.2   17
16
주머니
(앞판만)

11
11.5

65
67.7

65
67.7

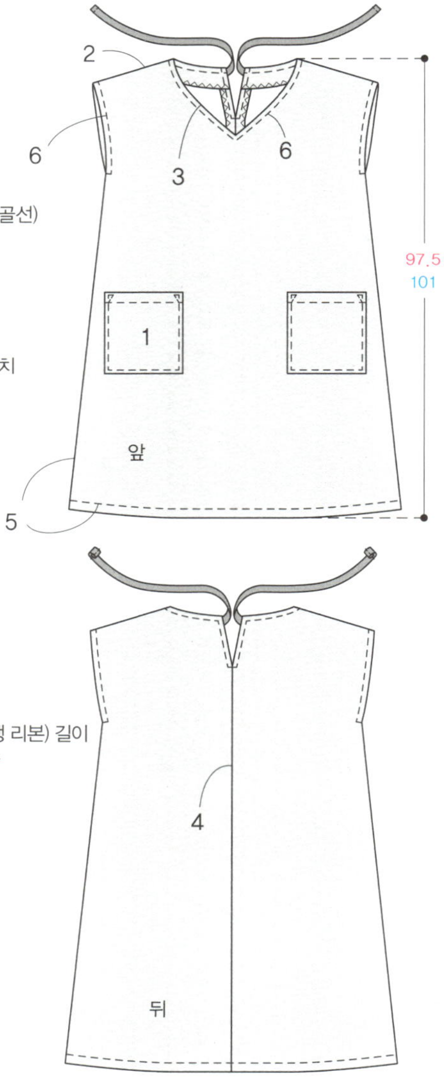

앞판 중심선(골선)
뒤판 중심선(잇기)

끈(그로그랭 리본) 길이
= 40씩 2줄

4

뒤

1.8

뒤판

(겉)

1.5
3

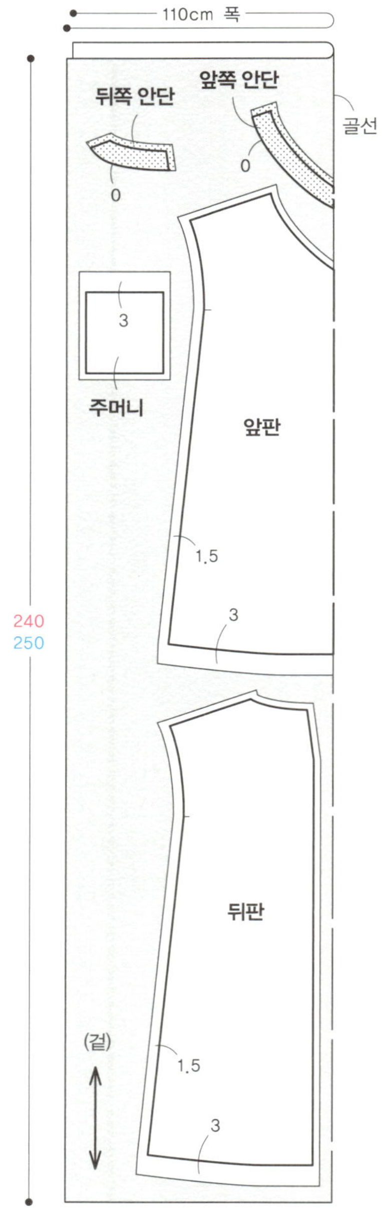

※ 정해진 곳 이외의 시접 치수는 1cm
⬚ = 접착심지 붙이는 부분

만드는 법 ◆ 준비 작업 ① 접착심지를 붙인다. (앞쪽 안단, 뒤쪽 안단)
② 마름질하여 가장자리를 지그재그로 박는다. (주머니, 어깨선, 옆선, 뒤판 중심선)

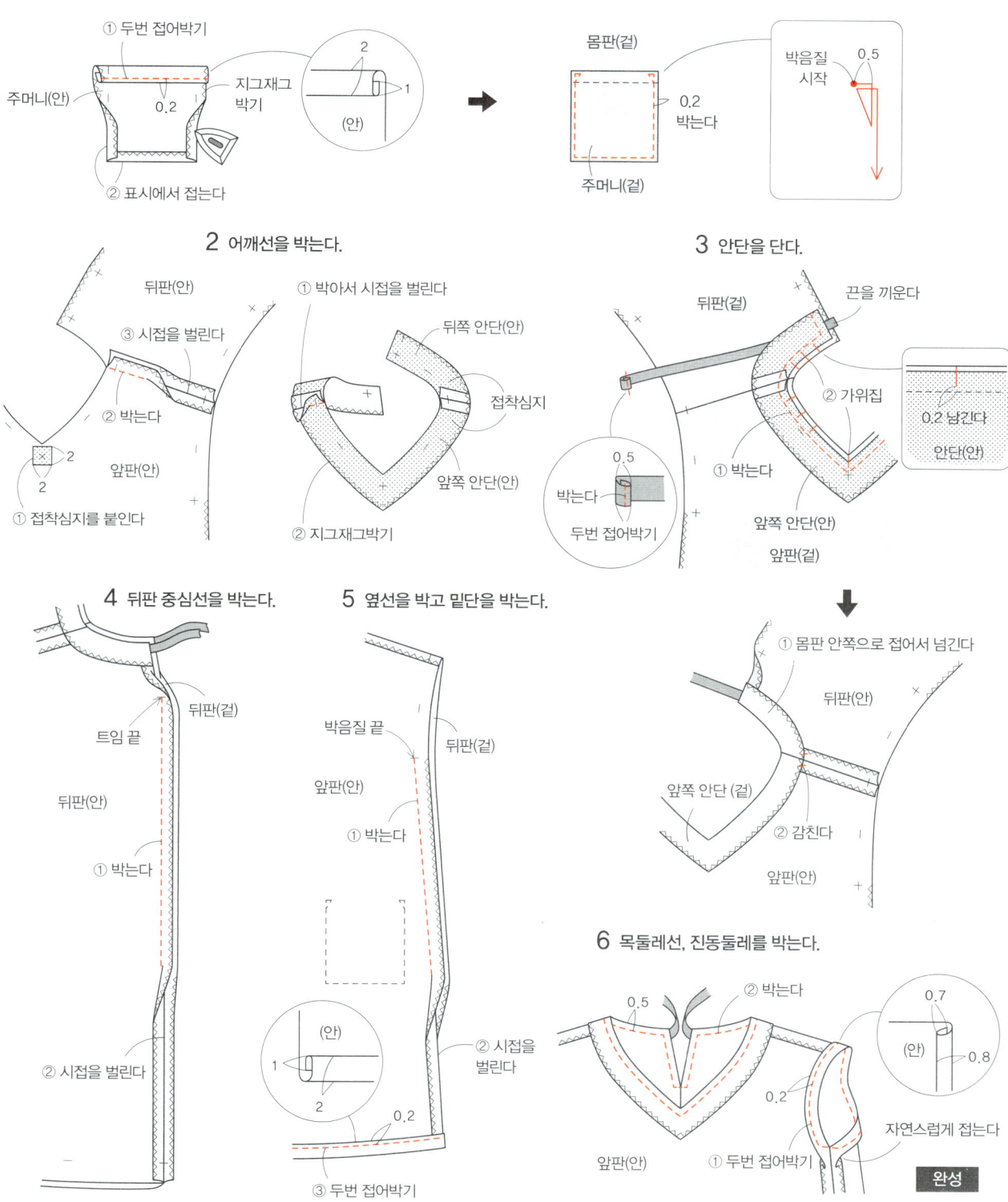

1 주머니를 만들어서 단다.

① 두번 접어박기
주머니(안)
0.2
② 표시에서 접는다
지그재그
박기
2
1
(안)

몸판(겉)
0.2
박는다
주머니(겉)

박음질
시작
0.5

2 어깨선을 박는다.

뒤판(안)
③ 시접을 벌린다
② 박는다
① 접착심지를 붙인다
2
2
앞판(안)

① 박아서 시접을 벌린다
뒤쪽 안단(안)
접착심지
앞쪽 안단(안)
② 지그재그박기

3 안단을 단다.

뒤판(겉)
끈을 끼운다
② 가위집
① 박는다
앞쪽 안단(겉)
앞판(겉)

0.5
박는다
두번 접어박기

0.2 남긴다
안단(안)

① 몸판 안쪽으로 접어서 넘긴다
뒤판(안)
앞쪽 안단 (겉)
② 감친다
앞판(안)

4 뒤판 중심선을 박는다.

뒤판(겉)
트임 끝
뒤판(안)
① 박는다
② 시접을 벌린다

5 옆선을 박고 밑단을 박는다.

박음질 끝
뒤판(겉)
앞판(안)
① 박는다
② 시접을 벌린다
(안)
1
2
0.2
③ 두번 접어박기

6 목둘레선, 진동둘레를 박는다.

0.5
② 박는다
0.2
앞판(안)
① 두번 접어박기
자연스럽게 접는다
0.7
(안)
0.8

완성

25

줄무늬 면으로 만든
셔링 원피스 앞치마

바대 아래쪽에 주름을 잡은 원피스 앞치마입니다.
부드러운 데님 느낌의 줄무늬 면을 사용해서
착용감이 좋고 일 년 내내 쾌적하게 입을 수 있지요.

13

만드는 법	page 28
옷감	코스모텍스타일(AY7050-2A)
제작	요시다 미카코

더블거즈로 만든
셔링 원피스 앞치마

북유럽풍 프린트가 세련되어 보이는 더블 거즈로
원피스 앞치마를 만들었어요. 길이가 짧아 경쾌해 보이고
다양하게 겹쳐 입기를 즐길 수 있답니다.
집앞의 가벼운 외출이라면 이 차림 그대로 좋아요.

14

만드는 법	page 28
옷감	코튼 고바야시
제작	요시다 미카코

page 26 _ 13

page 27 _ 14

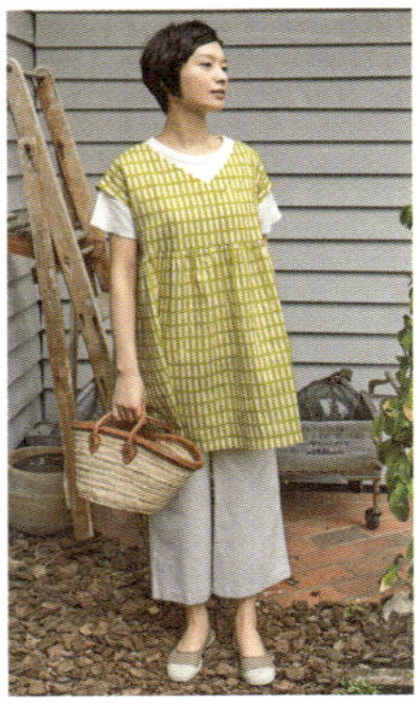

재료

13 옷감(면) 110cm 폭 M 280cm / L 290cm

14 옷감(더블거즈) 110cm 폭 M 230cm / L 240cm

접착심지(FV-2N) 112cm 폭 30cm

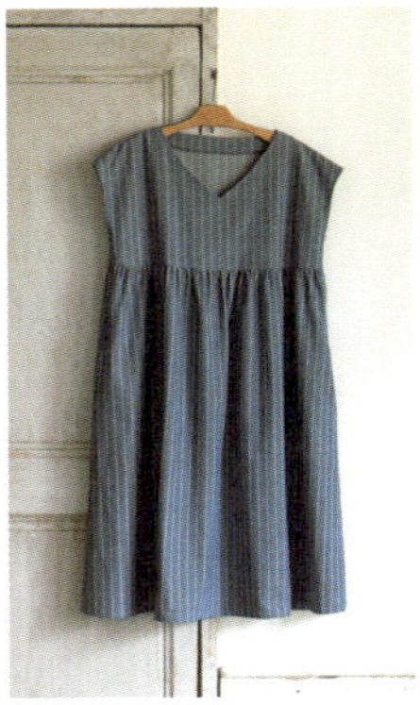

실물 크기 옷본

◆ **B면 13·14** : 앞·뒤판 / 치마 앞뒤판 / 앞쪽 안단 / 뒤쪽 안단 / 주머닛감

※ 실물 크기 옷본을 옮겨 그릴 때는 앞판과 뒤판을 따로 그립니다.

기본 옷본 제도

뒤쪽 안단
4
4
뒤판 중심선
(골선)
앞쪽 안단
앞판 중심선
(골선)

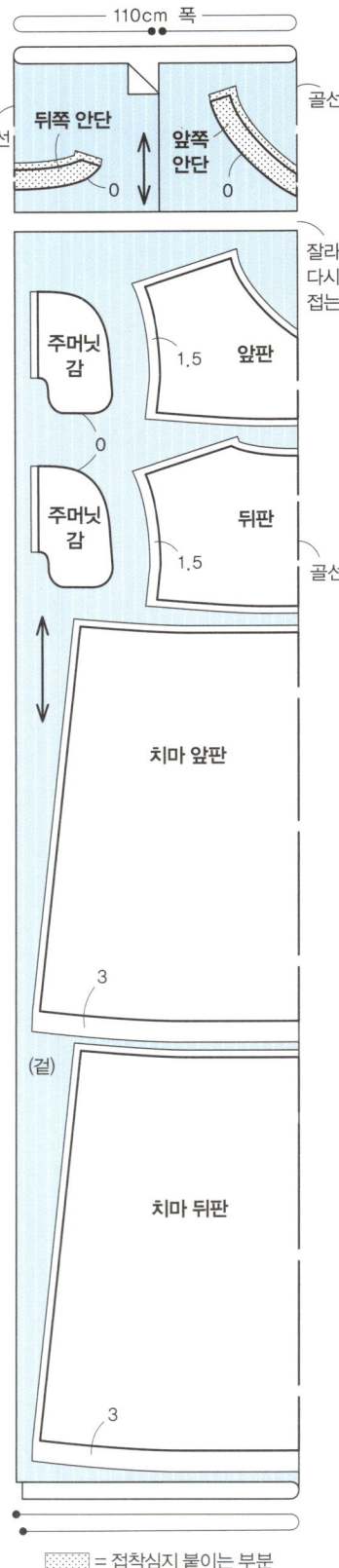

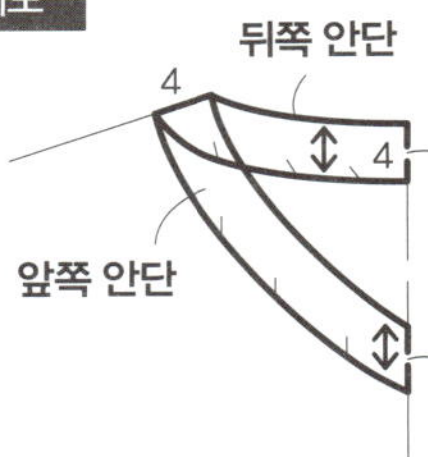

2단으로 적힌 숫자는 M, L 치수이고 하나만 있는 숫자는 공통

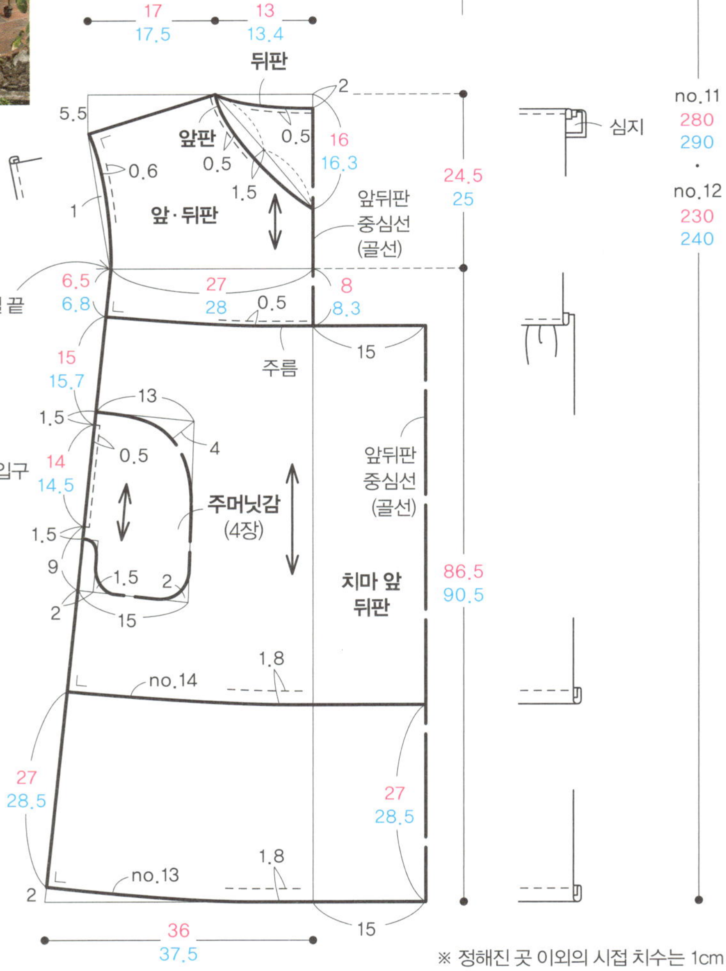

17
17.5
13
13.4
뒤판
2
5.5
앞판
0.5
0.6
0.5
16
16.3
1.5
1
앞·뒤판
앞뒤판
중심선
(골선)
24.5
25
심지
박음질 끝
6.5
6.8
27
28
0.5
8
8.3
15
15.7
주름
15
13
1.5
0.5
4
주머니 입구
14
14.5
앞뒤판
중심선
(골선)
주머닛감
(4장)
1.5
9
1.5
2
치마 앞
뒤판
86.5
90.5
2
15
no.11
280
290
no.12
230
240
1.8
no.14
27
28.5
27
28.5
1.8
no.13
2
36
37.5
15

※ 정해진 곳 이외의 시접 치수는 1cm

[옷감을 마름질하는 법]
(공통)

110cm 폭
골선
뒤쪽 안단
골선
앞쪽
안단
0
0
잘라서
다시
접는다
주머닛
감
1.5
앞판
0
주머닛
감
뒤판
1.5
골선
치마 앞판
3
(겉)
치마 뒤판
3

= 접착심지 붙이는 부분

[만드는 순서]
(공통)

13

1 2
4
3
9 · 10
5 · 7
6
8
111
115.5

14

84
87

만드는 법
(공통)
◆ 준비 작업
① 접착심지를 붙인다. (앞쪽 안단, 뒤쪽 안단)
② 마름질하여 가장자리를 지그재그로 박는다.
(어깨선, 옆선, 주머닛감의 주머니 입구)

1 어깨선을 박는다.

뒤판(겉)   지그재그박기
② 박는다   ③ 시접을 벌린다
앞판(안)
2 ① 접착심지를 붙인다
2

① 박아서 시접을 벌린다   뒤쪽 안단(안)
접착심지
앞쪽 안단(안)
② 지그재그박기

2 목둘레선을 박는다.

0.2 남긴다
(안)

뒤쪽 안단(안)   ② 가위집
뒤판(안)
앞판(겉)   ① 박는다
앞쪽 안단(안)

0.5   ② 박는다
뒤판(겉)
앞판(안)   ③ 감친다
앞쪽 안단(겉)
① 몸판 안쪽으로 접어서 넘긴다

3 몸판 옆선을 박는다.

뒤판(겉)
박음질 끝
앞판(안)   박는다

6 치마 옆선을 박는다.

치마 뒤판(겉)
박는다
주머닛감(안)
주머니 입구
치마 앞판(안)
박는다
주머닛감 시접까지 같이 박지 않도록 빼낸다

4 진동둘레를 박는다.

0.7
(안)   0.8
0.2
② 두번 접어박기
앞판(안)   ① 시접을 벌린다
자연스럽게 접는다

5 주머닛감을 단다.

치마 뒤판(겉)   치마 앞판(겉)
주머니 입구   박는다
주머닛감(안)   주머닛감(안)

29

7 주머니를 만든다.

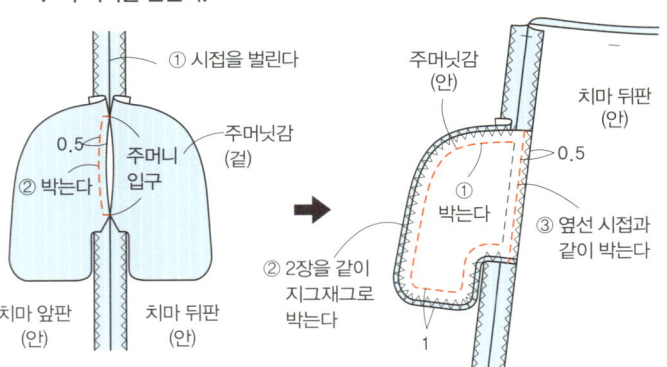

① 시접을 벌린다
주머닛감 (겉)
0.5
② 박는다
주머니 입구
치마 앞판 (안)
치마 뒤판 (안)

주머닛감 (안)
치마 뒤판 (안)
0.5
① 박는다
② 2장을 같이 지그재그로 박는다
③ 옆선 시접과 같이 박는다
1

8 치맛단을 박는다.

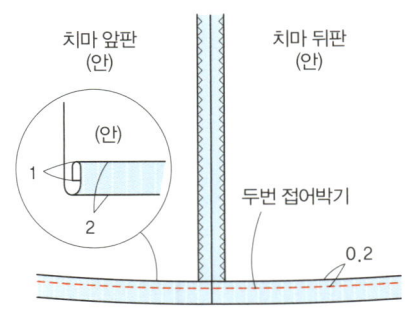

치마 앞판 (안)
치마 뒤판 (안)
(안)
1
2
두번 접어박기
0.2

---

9 몸판과 치마에 맞춤 표시를 하고, 치마에 주름을 잡기 위해 큰 땀으로 박는다.

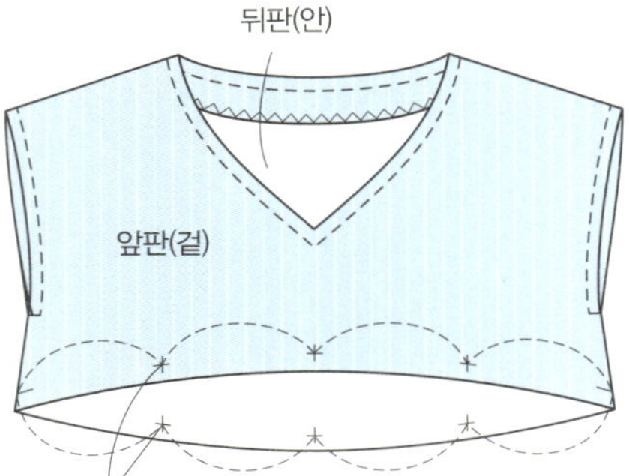

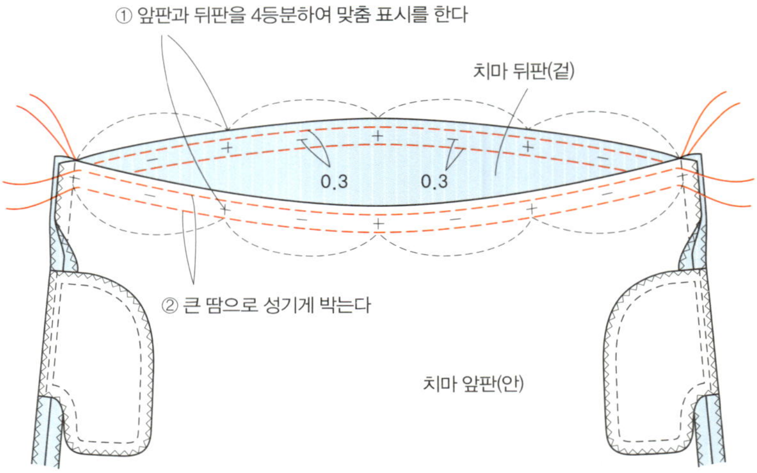

뒤판(안)
앞판(겉)
앞판과 뒤판을 4등분하여 맞춤 표시를 한다

① 앞판과 뒤판을 4등분하여 맞춤 표시를 한다
치마 뒤판(겉)
0.3   0.3
② 큰 땀으로 성기게 박는다
치마 앞판(안)

---

10 치마와 몸판을 잇는다.

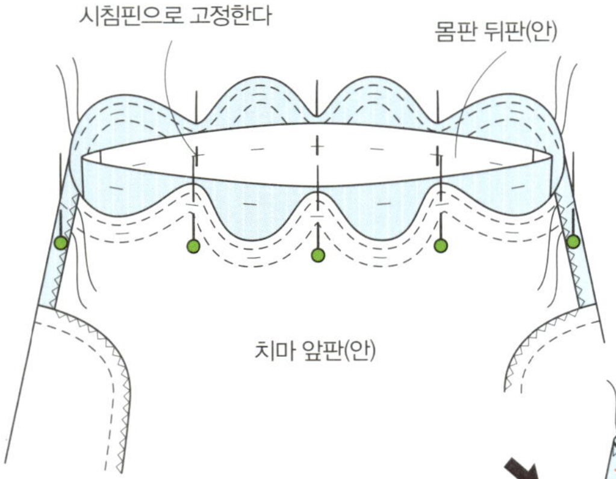

치마 안에 몸판을 넣고 맞춤 표시를 시침핀으로 고정한다
몸판 뒤판(안)
치마 앞판(안)

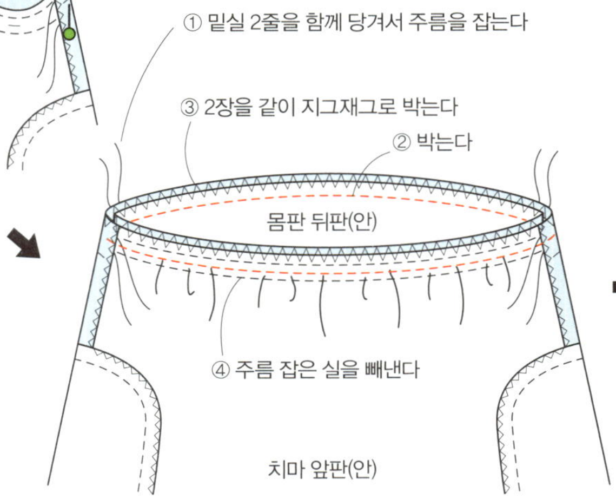

① 밑실 2줄을 함께 당겨서 주름을 잡는다
③ 2장을 같이 지그재그로 박는다
② 박는다
몸판 뒤판(안)
④ 주름 잡은 실을 빼낸다
치마 앞판(안)

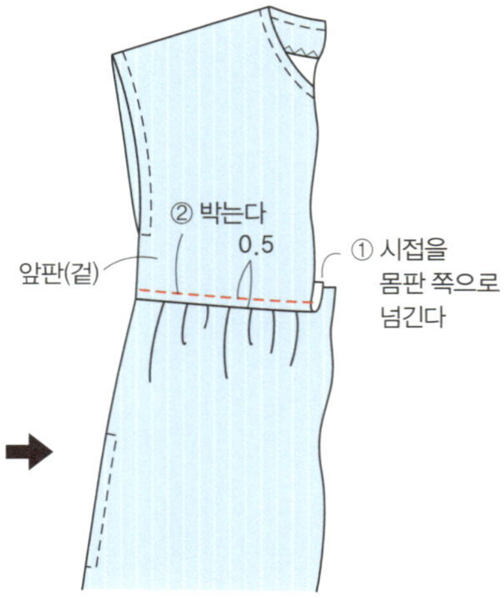

② 박는다
0.5
앞판(겉)
① 시접을 몸판 쪽으로 넘긴다

완성

재료

15 옷감(면 트윌) 112cm 폭 **M 240cm** / **L 250cm**
16 옷감(면 트윌) 112cm 폭 **M 240cm** / **L 250cm**

2단으로 적힌 숫자는
M, L 치수이고
하나만 있는 숫자는
공통

실물 크기 옷본

◆ **A면 8** : 앞·뒤판

※ 실물 크기 옷본을 옮겨 그릴 때는 앞판과 뒤판을 따로 그립니다.
※ 앞·뒤판 옷본은 2장으로 나뉘어 있으므로 옷본 2장을 맞대고
　옮겨 그려서 옷본 1장으로 만듭니다.
※ 바이어스감은 직선 부분이므로 옷감에 직접 그려서 마름질합니다.

◆ **옷본 수정하는 법**

※ 길이를 짧게 하고 주머니를 그립니다.

옷본 수정하는 법

▨ = 8 옷본

(8 옷본 제도는 82쪽)

[만드는 순서]
◆ 2~5 만드는 법은 83쪽 참조.

2 어깨선을 박는다.
3 목둘레선, 진동둘레를 박는다.

1 주머니를 만들어 단다.
(67쪽 참조)

5 슬릿을 박는다.

4 밑단과 옆선을 박는다.

85
88.5

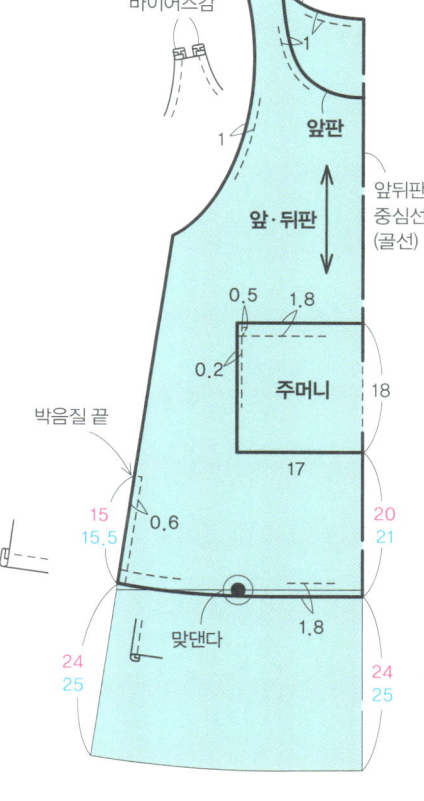

뒤판
바이어스감
1
앞판
1
앞·뒤판
앞뒤판
중심선
(골선)

0.5　1.8
0.2
주머니　18
17

박음질 끝
15
15.5
0.6
20
21

맞댄다
1.8
24
25
24
25

[옷감을 마름질하는 법]

※ 정해진 곳 이외의 시접 치수는 1cm

240
250

골선
※ 펴서 마름질한다.

0.5
앞판
3

1.5

바이어스감

2.7

112cm
폭

3
**앞판
중심선**
주머니(1장)

(진동둘레용·약 85를 2장)
(목둘레선용·약 80을 1장)

0.5
뒤판
3

1.5

(겉)

※ 바이어스감은 넉넉하게 준비해, 바이어스 처리하는 치수에 맞추고 남는 길이를 잘라 냅니다.

15

만드는 법	page 31
옷감	코스모텍스타일(AD22000-OW)
제작	오자와 노부코

짧은 길이의 귀여운
체크무늬 원피스 앞치마

옷깃과 소매가 없고, 머리부터 쑥 넣어 입는 원피스 앞치마입니다.
단순한 디자인이라 어떤 옷감으로 만들어도 멋져요.
빨간 체크무늬 옷감으로 만들면 밝고 생기 있는 느낌이 들어
일하는 기분도 즐거워집니다.

16

짧은 길이의 귀여운
화이트 원피스 앞치마

아이보리 면 트월로 만든 원피스 앞치마.
조끼처럼 쓱 입을 수 있는 디자인이에요.
길이가 짧아 풍성한 스커트나 바지와 겹쳐 입어도
날씬하게 보인답니다.

만드는 법	page 31
옷감	코스모텍스타일(AD22000-OW)
제작	고바야시 가오리

점퍼스커트 스타일
데님 원피스 앞치마

점퍼스커트 스타일 원피스 앞치마는 앞에서
깊게 겹쳐서 단추로 잠그는 디자인입니다.
주머니는 옆선 솔기를 이용하여 만들었어요.
분위기 있는 빈티지풍 데님을 사용했습니다.

만드는 법	page 90
옷감	홈크래프트
제작	오자와 노부코

34

점퍼스커트 스타일
리넨 원피스 앞치마

은근한 멋을 풍기는 아이보리 물방울무늬 리넨으로
원피스 앞치마를 만들었어요.
내추럴 컬러를 살려서 슬쩍 걸치듯이 입어 보세요.

만드는 법	page 90
옷감	기요하라
제작	오자와 노부코

18

심플한 카슈쾨르
원피스 앞치마

카슈쾨르 스타일의 조끼처럼
보이는 원피스 앞치마예요.
면 레이스를 사용하여
복고풍 분위기로 만들었답니다.
오른쪽 옆에 큼직한 주머니를 달아서
아주 편리해요.

＊카슈쾨르 : 앞을 교차하여 여미는 모양의 상의

19

만드는 법 ┃ page 38
제작 ┃ 요시다 미카코

이중 배색 카슈쾨르
원피스 앞치마

위아래를 민무늬와 무늬 옷감으로
배색한 카슈쾨르 원피스 앞치마입니다.
같은 색으로 만든 끈을 옆에서 묶어서
귀여운 느낌을 주었어요.
주머니 입구도 상의의 무지천으로
악센트를 주었습니다.

만드는 법	page 38
옷감	코스모텍스타일
	(민무늬 / AD8500-83 무늬 / AD75403-2C)
제작	요시다 미카코

20

재료
19 옷감(면 케임브릭 레이스) 110cm 폭 **M 250cm** / **L 260cm**
20 옷감(면 브로드클로스) 110cm 폭 **M 140cm** / **L 150cm**
20 무늬 옷감(면 론 프린트) 110cm 폭 **M 220cm** / **L 230cm**

실물 크기 옷본

◆ **A면 19** : 앞판 / 뒤판
※ 앞판과 뒤판 이외에는 직선 부분이므로 옷감에 직접 그려서 마름질합니다.

[만드는 순서]
(공통)

기본 옷본 제도

끈(4장)   접음선
1.5   60 / 62   0.75   0.1

no.20 주머니
(무늬 옷감·오른쪽만)

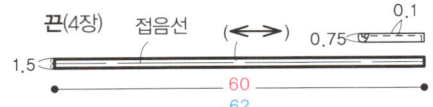

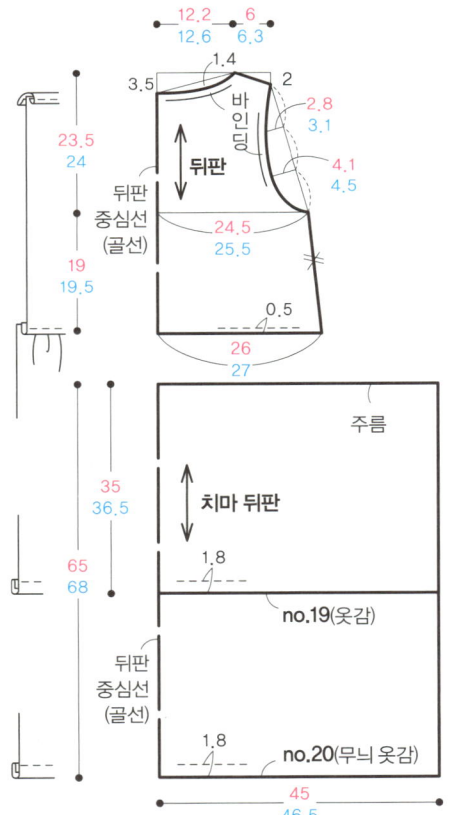

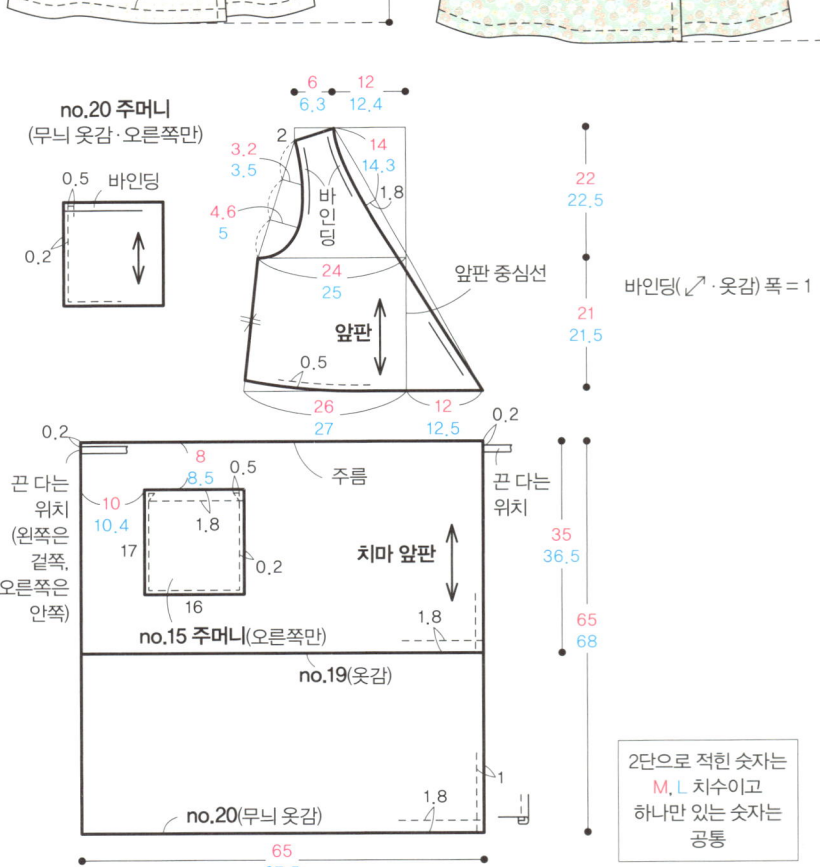

바인딩(↗·옷감) 폭 = 1

2단으로 적힌 숫자는
M, L 치수이고
하나만 있는 숫자는
공통

[no.19 옷감을 마름질하는 법]

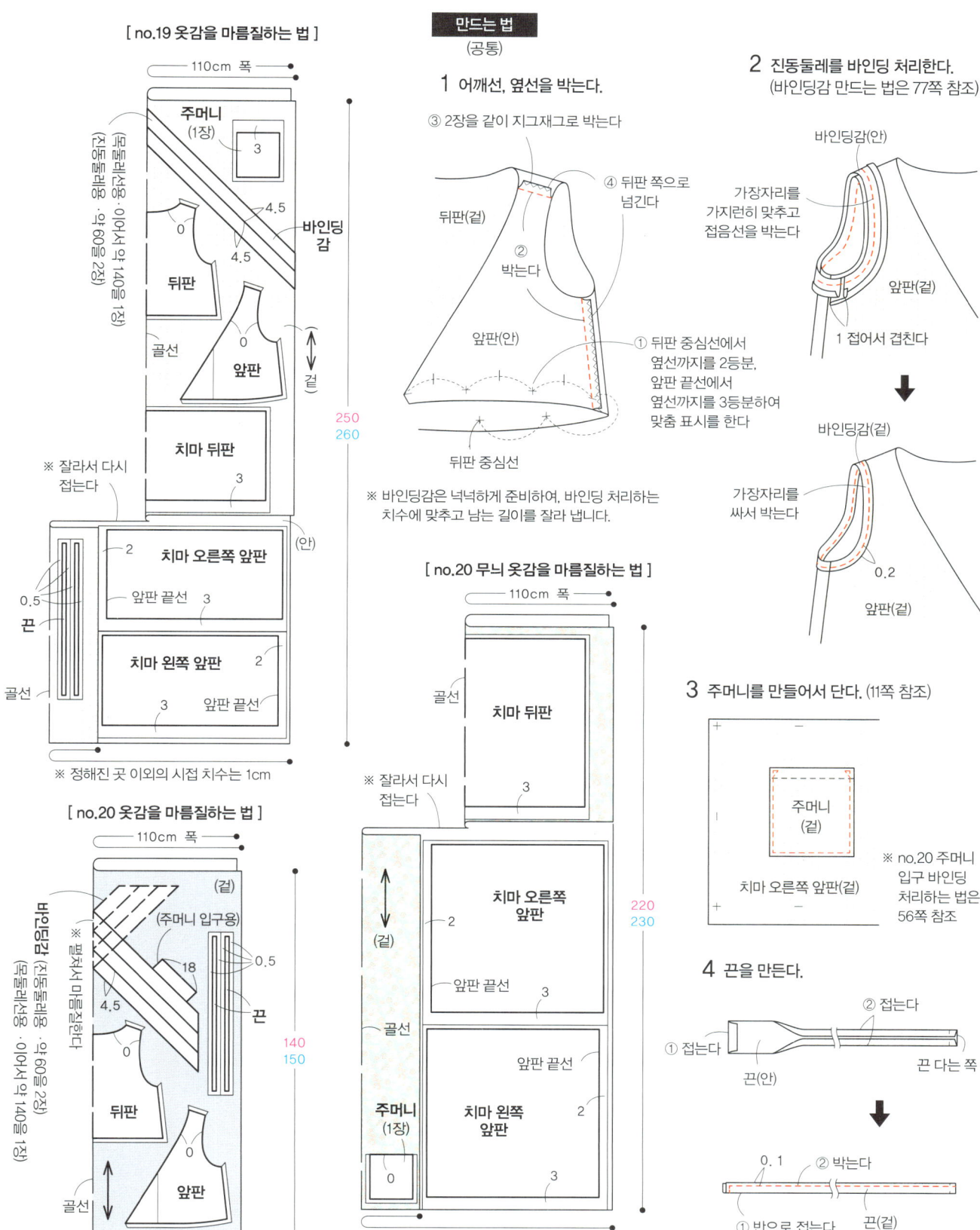

110cm 폭

주머니
(1장)

3

4.5

0

4.5

바인딩감

(바인딩선용 · 이어서 약 140을 1장)
(진동둘레용 · 약 60을 2장)

뒤판

골선

앞판

0

(겉)

치마 뒤판

3

※ 잘라서 다시
접는다

2

0.5

끈

치마 오른쪽 앞판

앞판 끝선 3

(안)

치마 왼쪽 앞판

2

골선

3 앞판 끝선

250
260

※ 정해진 곳 이외의 시접 치수는 1cm

[no.20 옷감을 마름질하는 법]

110cm 폭

(겉)

(주머니 입구용)

바인딩감
(진동둘레용 · 약 60을 2장)
(펼쳐서 마름질한다)
(목둘레선용 · 이어서 약 140을 1장)

18

0.5

끈

4.5

0

뒤판

0

골선

앞판

140
150

만드는 법
(공통)

1 어깨선, 옆선을 박는다.

③ 2장을 같이 지그재그로 박는다

뒤판(겉)

④ 뒤판 쪽으로
넘긴다

②
박는다

앞판(안)

① 뒤판 중심선에서
옆선까지를 2등분,
앞판 끝선에서
옆선까지를 3등분하여
맞춤 표시를 한다

뒤판 중심선

※ 바인딩감은 넉넉하게 준비하여, 바인딩 처리하는
치수에 맞추고 남는 길이를 잘라 냅니다.

[no.20 무늬 옷감을 마름질하는 법]

110cm 폭

치마 뒤판

골선

3

※ 잘라서 다시
접는다

(겉)

2

치마 오른쪽
앞판

앞판 끝선 3

골선

앞판 끝선

치마 왼쪽
앞판

2

주머니
(1장)

0

3

220
230

2 진동둘레를 바인딩 처리한다.
(바인딩감 만드는 법은 77쪽 참조)

바인딩감(안)

가장자리를
가지런히 맞추고
접음선을 박는다

앞판(겉)

1 접어서 겹친다

바인딩감(겉)

가장자리를
싸서 박는다

0.2

앞판(겉)

3 주머니를 만들어서 단다. (11쪽 참조)

주머니
(겉)

치마 오른쪽 앞판(겉)

※ no.20 주머니
입구 바인딩
처리하는 법은
56쪽 참조

4 끈을 만든다.

② 접는다

① 접는다

끈(안)

끈 다는 쪽

0.1 ② 박는다

① 반으로 접는다

끈(겉)

5 치마 옆선을 박는다.

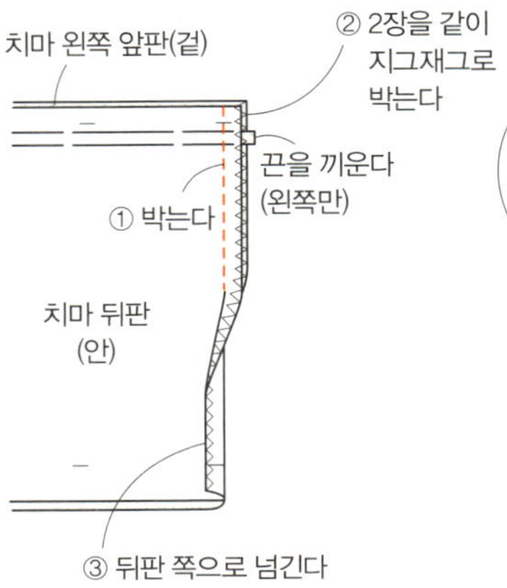

치마 왼쪽 앞판(겉)

② 2장을 같이 지그재그로 박는다

① 박는다

끈을 끼운다 (왼쪽만)

치마 뒤판 (안)

③ 뒤판 쪽으로 넘긴다

0.8
1.2 (안)

② 두번 접어박기

끈을 끼운다

1
2

③ 두번 접어박기

6 앞판 끝선을 박고 치맛단을 박는다.

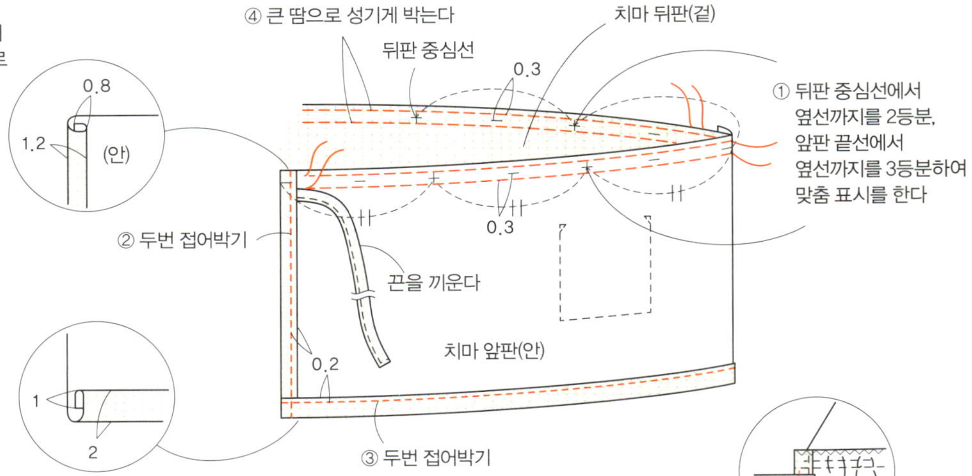

④ 큰 땀으로 성기게 박는다

뒤판 중심선

치마 뒤판(겉)

0.3

① 뒤판 중심선에서 옆선까지를 2등분, 앞판 끝선에서 옆선까지를 3등분하여 맞춤 표시를 한다

0.3

치마 앞판(안)

0.2

0.2 (안)

7 몸판과 치마를 잇는다.

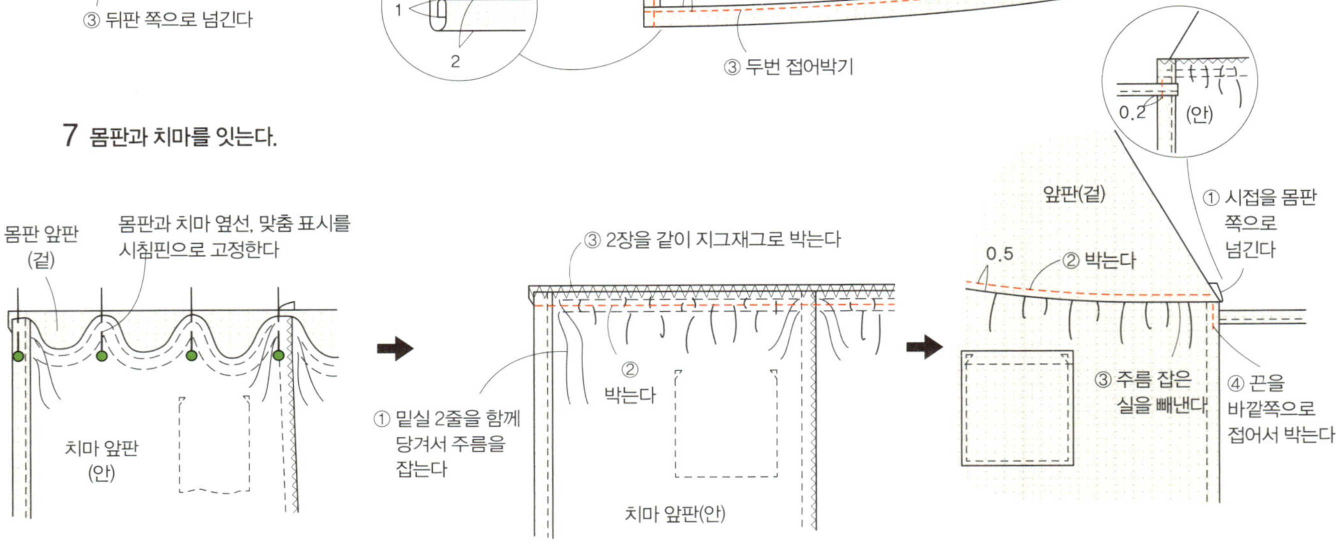

몸판 앞판 (겉)

몸판과 치마 옆선, 맞춤 표시를 시침핀으로 고정한다

치마 앞판 (안)

③ 2장을 같이 지그재그로 박는다

② 박는다

① 밑실 2줄을 함께 당겨서 주름을 잡는다

치마 앞판(안)

앞판(겉)

0.5

② 박는다

③ 주름 잡은 실을 빼낸다

① 시접을 몸판 쪽으로 넘긴다

④ 끈을 바깥쪽으로 접어서 박는다

8 목둘레선을 바인딩 처리한다. (바인딩감 만드는 법은 77쪽 참조)

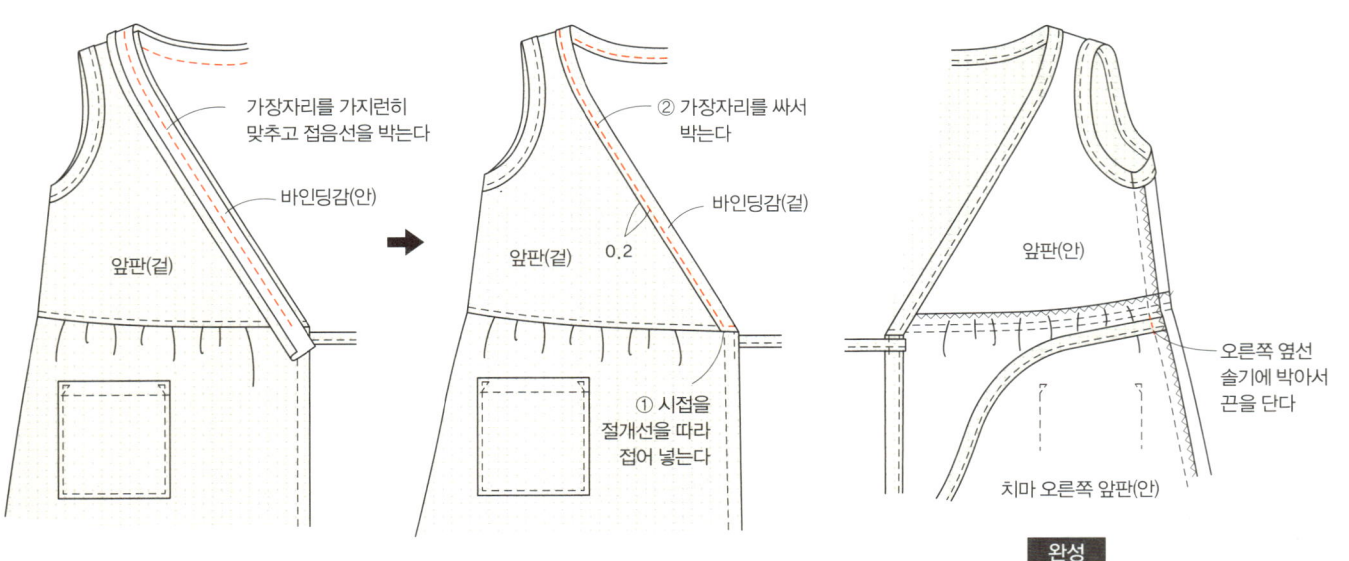

가장자리를 가지런히 맞추고 접음선을 박는다

바인딩감(안)

앞판(겉)

② 가장자리를 싸서 박는다

바인딩감(겉)

0.2

앞판(겉)

① 시접을 절개선을 따라 접어 넣는다

9 오른쪽 옆선 안쪽에 끈을 단다.

앞판(안)

오른쪽 옆선 솔기에 박아서 끈을 단다

치마 오른쪽 앞판(안)

완성

재료
24 옷감(면 캔버스) 110cm 폭 100cm
24 배색감(면마 캔버스) 110cm 폭 20cm
35 옷감(면마 캔버스) 110cm 폭 100cm
35 면 테이프 25mm 폭 140cm

※ 이 작품은 모두 직선이므로 옷감에 직접 그려서 마름질합니다.

만드는 법
(공통)

[no.24·35 옷감을 마름질하는 법]

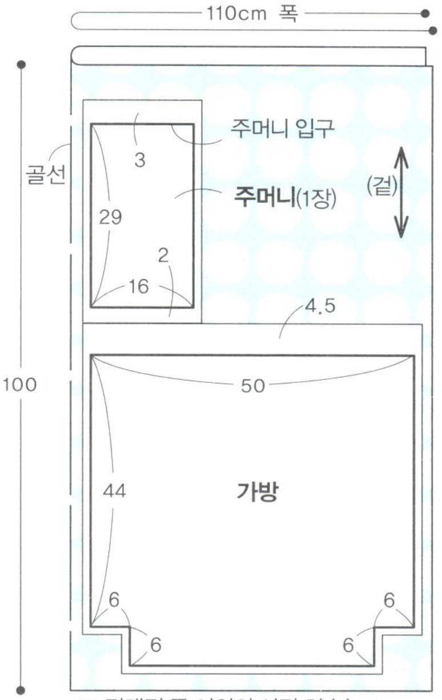

110cm 폭

골선

주머니 입구
3
주머니(1장)
(겉)
29
2
16
4.5

100

50
가방
44
6   6
6   6

※ 정해진 곳 이외의 시접 치수는 1cm

[만드는 순서]
(공통)

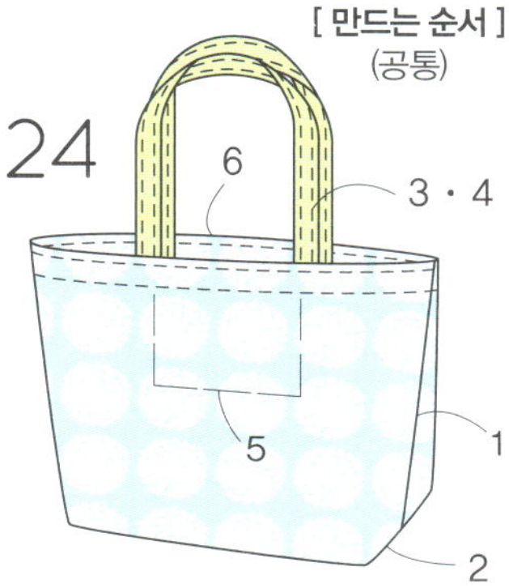

24

6
3 · 4
5
1
2

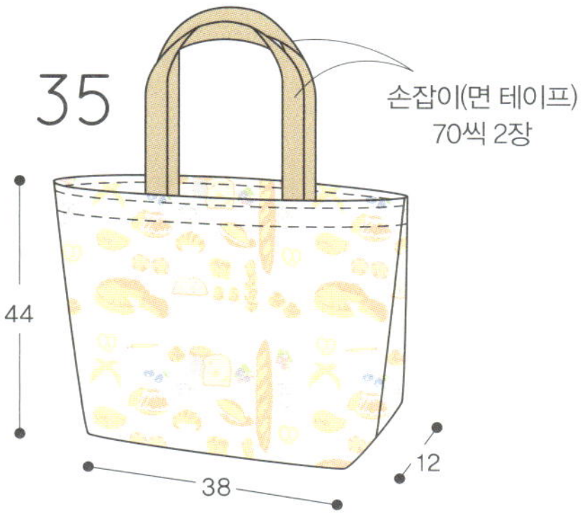

35

손잡이(면 테이프)
70씩 2장

44
38
12

1 옆선, 바닥을 박는다.

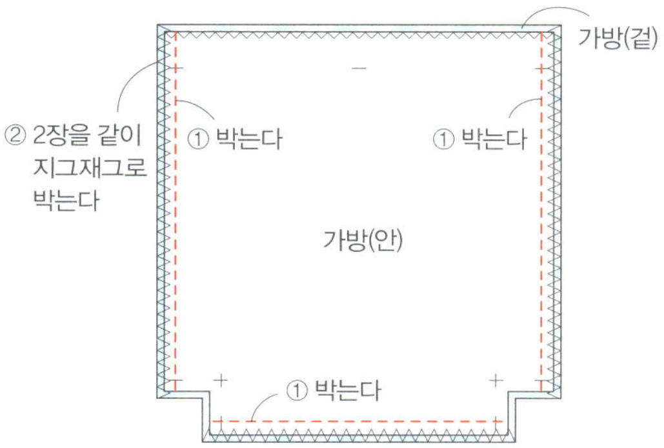

가방(겉)
② 2장을 같이 지그재그로 박는다
① 박는다
① 박는다
가방(안)
① 박는다

2 바닥 옆면을 박는다.

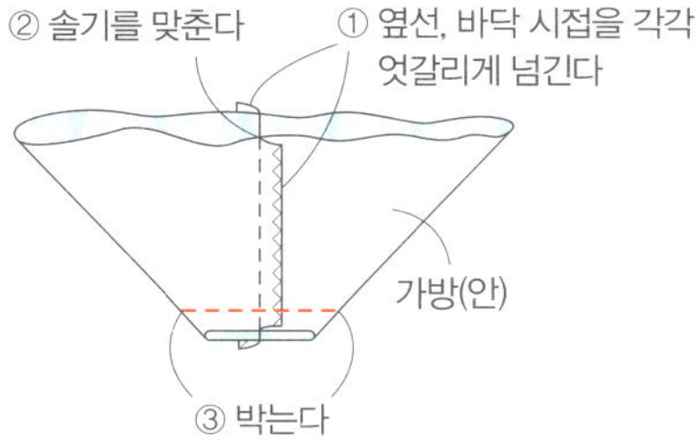

② 솔기를 맞춘다
① 옆선, 바닥 시접을 각각 엇갈리게 넘긴다
가방(안)
③ 박는다

3 손잡이를 만든다. (no.24만)

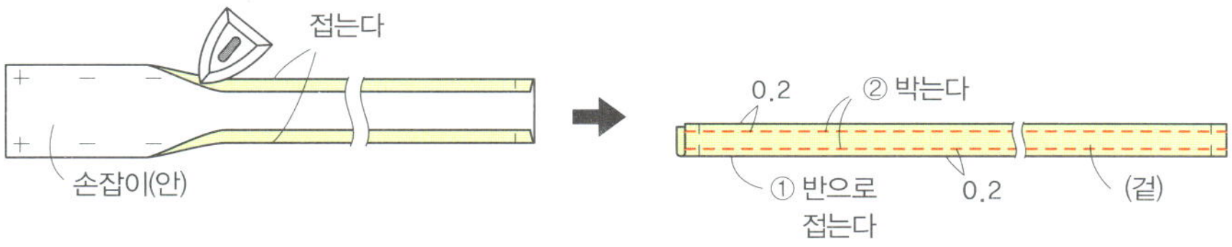

접는다
손잡이(안)
0.2
② 박는다
① 반으로 접는다
0.2
(겉)

4 손잡이를 단다.

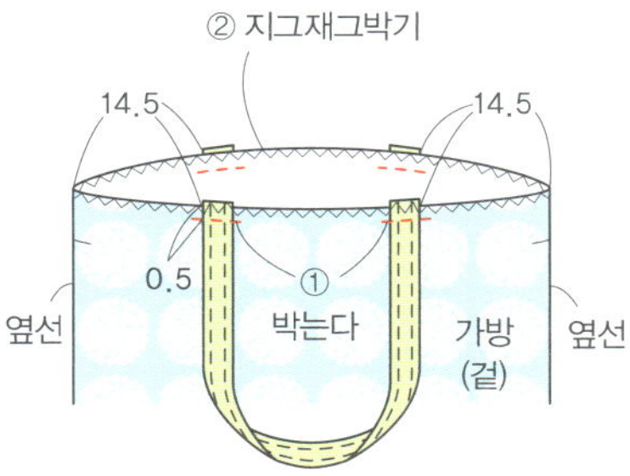

② 지그재그박기
14.5   14.5
0.5
①
박는다
옆선   가방(겉)   옆선

5 안주머니를 만든다.

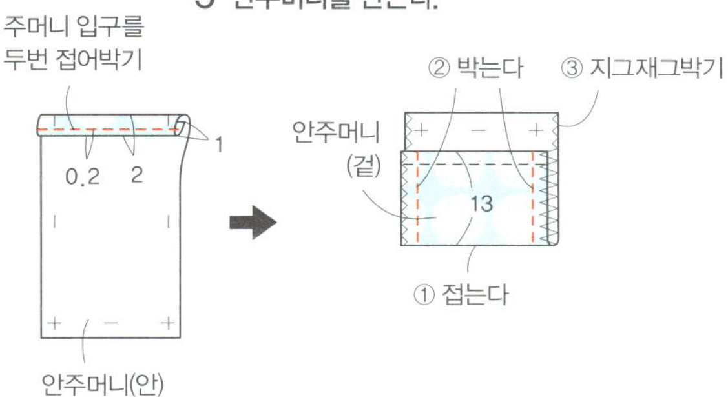

주머니 입구를 두번 접어박기
1
0.2   2
안주머니(안)

② 박는다
③ 지그재그박기
안주머니(겉)
13
① 접는다

[no.24 배색감을 마름질하는 법]

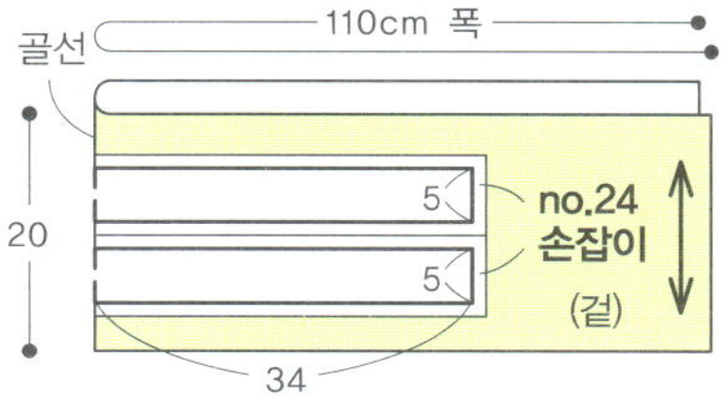

골선
110cm 폭
5
no.24
손잡이
20
5
(겉)
34

6 안주머니를 끼우고 가방 입구를 박는다.

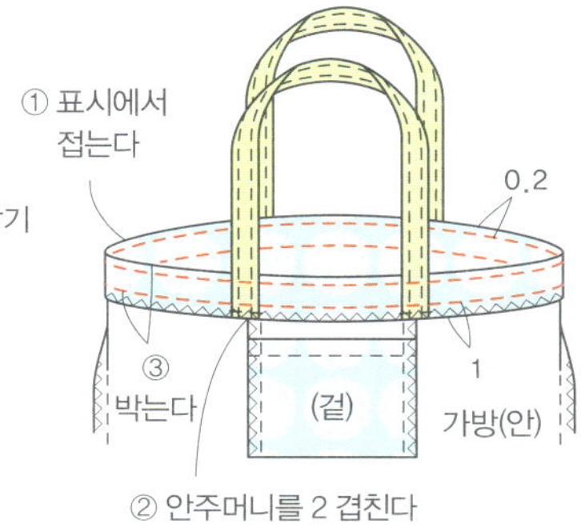

① 표시에서 접는다
0.2
③
박는다
(겉)
②
가방(안)
② 안주머니를 2 겹친다

완성   41

Part 3

특별한 날 입는
앞치마

홈 파티를 하거나 손님을 맞을 때,
요리교실에 가는 등 조금 특별한 날
입고 싶은 멋스러운 앞치마입니다.
프릴이나 리본 등으로
화려한 디테일을 더해 주었어요.

21

풍성한 허리 주름
줄무늬 앞치마

깔끔한 가슴바대에 주름을
풍성하게 잡은 스커트를 이어 만든
멋스러운 앞치마랍니다.
위아래를 민무늬와 줄무늬로 변화를 주고
주머니도 달았어요.

만드는 법	page 93
옷감	홈크래프트
제작	가네마루 가호리

주머니 모양도 귀여워요.

허리에는 고무줄을 단 허리끈을 끼웠어요.

만드는 법	page 93
옷감	코튼 고바야시
제작	가네마루 가호리

풍성한 허리 주름
패치워크 앞치마

21의 디자인에 다른 옷감으로 만들었어요.
가슴 바대는 화이트로
스커트 부분에는 촉감 좋은
패치워크 프린트 리플을 사용했어요.

22

수국 무늬
베이직 앞치마

단순한 기본형 앞치마에
연두색 어깨끈과 주머니 리본으로
포인트를 주었어요.
단정하면서도 귀여운 느낌이 나는
디자인입니다.

23

만드는 법	page 46
옷감	코튼 고바야시
제작	쇼지 아오미

뒤에서 리본을 묶어서 입는 디자인이에요.

수국 무늬 에코백

수국 무늬 프린트가 돋보이는
큼직한 에코백입니다.
물건을 많이 담을 수 있는 넉넉한 크기라
장을 볼 때나 문화센터 등에 갈 때
들고 다니기 편해요.

만드는 법	page 41
옷감	코튼 고바야시
제작	니시무라 아키코

24

안쪽에는 사용하기 편하게 주머니를 달았어요.

재료
옷감(면 캔버스) 110cm 폭 100cm
배색감(면마 캔버스) 110cm 폭 80cm
단추 지름 15mm 2개

실물 크기 옷본

◆ B면 25 : 몸판 / 주머니 / 안단 / 덧댐천
※ 어깨끈, 허리끈, 리본 A, 리본 B, 바이어스감은
　직선 부분이므로 옷감에 직접 그려서 마름질합니다.

◆ 옷본 수정하는 법
※ 길이를 길게 합니다.

[만드는 순서]

어깨끈(배색감·2장)

뒤
4
5
단추
6

접음선
75

리본 A(배색감·2장)
12
접음선
17

리본 B(배색감·2장)
5
1 2 1
접음선
2

허리끈(배색감·2장)
0.2
2
(↔)
접음선
4
71

옷본 수정하는 법

= 25 옷본 (25 옷본 제도는 50쪽)

리본 A   리본 B
1 ★ 1
★ 2.5 ★
1   1
주머니
★ = 조금 안쪽을 꿰맨다

4
7
5
4
5
1·2·3
6
75

0.2
2
바이어스감
어깨끈 다는 위치
0.2
1
안단
허리끈 다는 위치
단춧구멍
덧댐천
0.5 1.8
0.2
주머니
몸판
앞판 중심선
(골선)
1.3
7   7
1.8

[옷감을 마름질하는 법]
110cm 폭
주머니
3
0.5
(골선)
안단
2.7
0.5
0.5
덧댐천
2.5
몸판
100
바이어스감(너비 4cm를 2장)
(겉)
3
※ 정해진 곳 이외의 시접 치수는 1cm

[배색감을 마름질하는 법]
110cm 폭
(골선)
리본 A
리본 B
80
허리끈
(겉)
어깨끈
※ 바이어스감은 넉넉하게 준비하여,
　바이어스 처리하는 치수에 맞추고
　남는 길이를 잘라 냅니다.

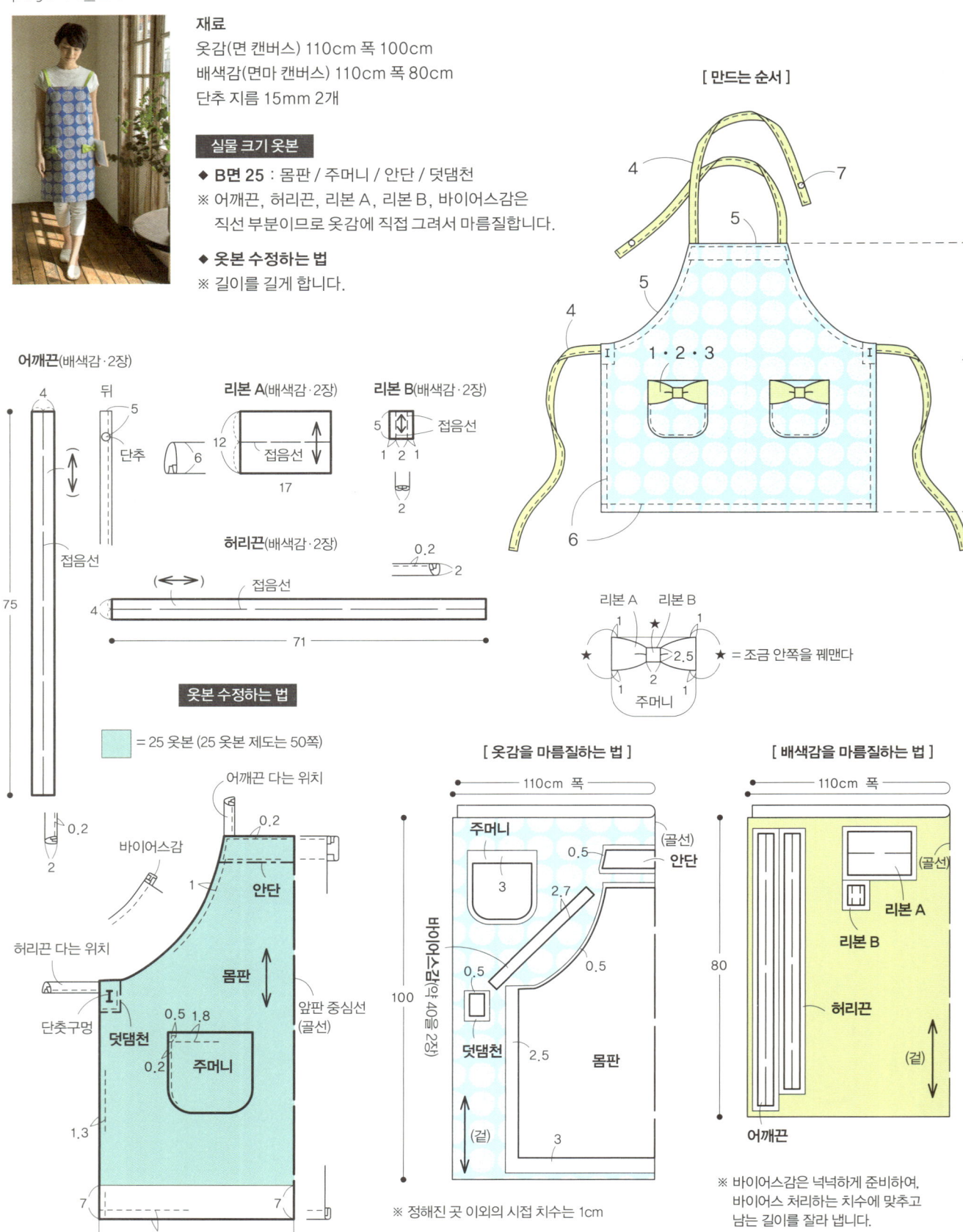

1 주머니를 만들어서 단다.

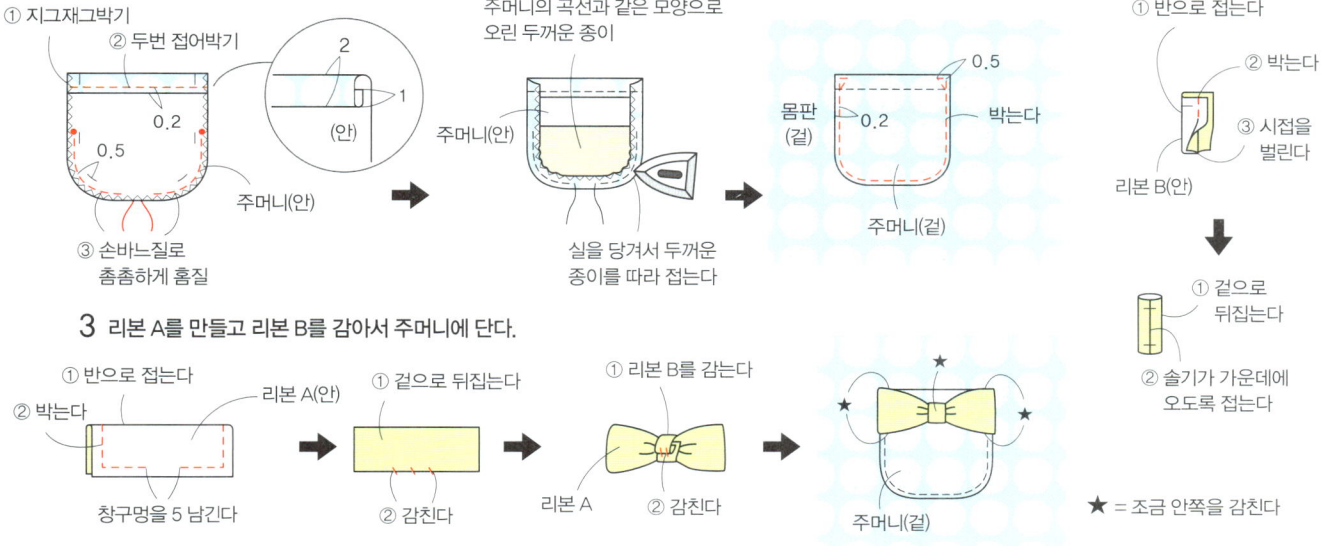

① 지그재그박기
② 두번 접어박기
2
1
(안)
0.2
0.5
③ 손바느질로 촘촘하게 홈질
주머니(안)

주머니의 곡선과 같은 모양으로 오린 두꺼운 종이
주머니(안)
실을 당겨서 두꺼운 종이를 따라 접는다

몸판(겉)
0.5
0.2
박는다
주머니(겉)

2 리본 B를 만든다.

① 반으로 접는다
② 박는다
③ 시접을 벌린다
리본 B(안)

① 겉으로 뒤집는다
② 솔기가 가운데에 오도록 접는다

3 리본 A를 만들고 리본 B를 감아서 주머니에 단다.

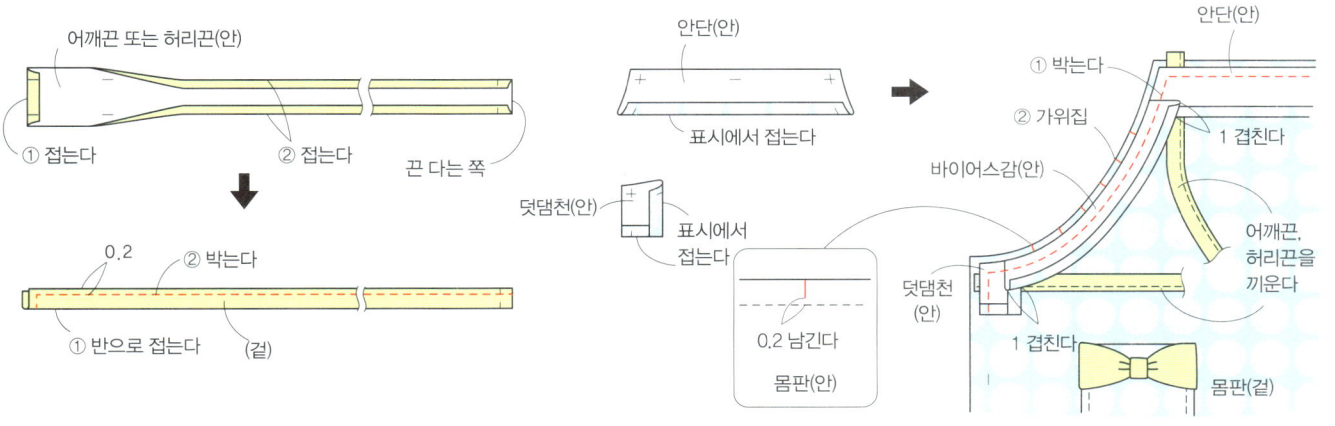

① 반으로 접는다
리본 A(안)
② 박는다
창구멍을 5 남긴다

① 겉으로 뒤집는다
② 감친다

① 리본 B를 감는다
리본 A
② 감친다

★
주머니(겉)
★

★ = 조금 안쪽을 감친다

4 어깨끈, 허리끈을 만든다.

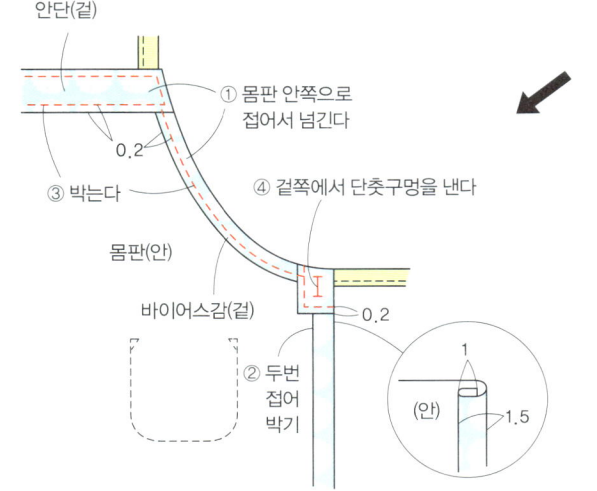

어깨끈 또는 허리끈(안)
① 접는다
② 접는다
끈 다는 쪽

0.2
② 박는다
① 반으로 접는다
(겉)

5 가슴선, 진동둘레를 박는다. (바이어스감 만드는 법은 76쪽 참조)

안단(안)
+ − +
표시에서 접는다

덧댐천(안)
+
표시에서 접는다
0.2 남긴다
몸판(안)

안단(안)
① 박는다
② 가위집
바이어스감(안)
1 겹친다
어깨끈, 허리끈을 끼운다
덧댐천(안)
1 겹친다
몸판(겉)

안단(겉)
① 몸판 안쪽으로 접어서 넘긴다
0.2
③ 박는다
몸판(안)
바이어스감(겉)
④ 겉쪽에서 단춧구멍을 낸다
0.2
② 두번 접어 박기
1
(안)
1.5

6 뒤판 끝선을 박고 밑단을 박는다.

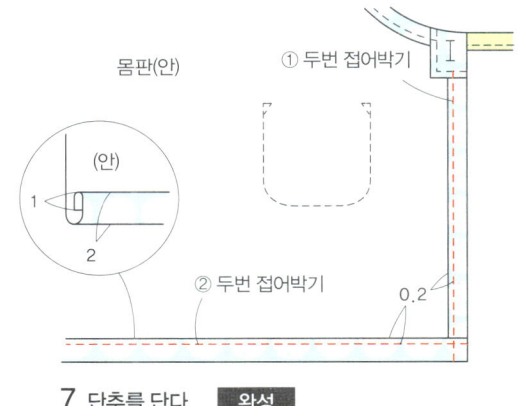

몸판(안)
① 두번 접어박기
(안)
1
2
② 두번 접어박기
0.2

7 단추를 단다. 완성

25

뒤쪽은 단순한 기본 디자인.

잔꽃무늬 포인트
핫핑크 앞치마

선명한 핫핑크 앞치마는
입기만 해도 활력이 생기는 느낌입니다.
주머니 입구와 치맛단 안주름에
잔꽃 프린트 옷감으로
살짝 포인트를 준 것이 매력입니다.
무릎 밑까지 내려오는 넉넉한 길이도 우아해 보입니다.
앞쪽 두 군데 주름을 넣어 활동하기 편해요.

만드는 법	page 50
옷감	코튼 고바야시
제작	다마루 가오리

프릴로 포인트를 준
도트 앞치마

주머니 둘레와 치맛단에 장식한 블랙 프릴이
돋보이는 물방울무늬 앞치마입니다.
화이트와 블랙만 사용하여
깔끔하면서도 세련된 분위기가 납니다.

만드는 법	page 96
옷감	코스모텍스타일
	(물방울무늬 / CR8831-120
	민무늬 / AD10000-300)
제작	다마루 가오리

26

재료
옷감(면마 캔버스) 110cm 폭 150cm
배색감(면 브로드클로스) 110cm 폭 30cm
단추 지름 15mm 2개

실물 크기 옷본

◆ B면 25 : 몸판 / 주머니 / 안단 / 덧댐천
※ 밑단 A, 밑단 B, 안주름감, 어깨끈, 허리끈, 바이어스감,
　바인딩감은 직선 부분이므로 옷감에 직접 그려서 마름질합니다.

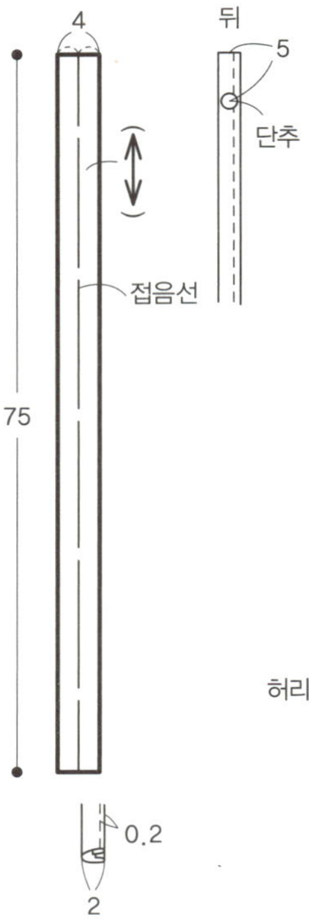

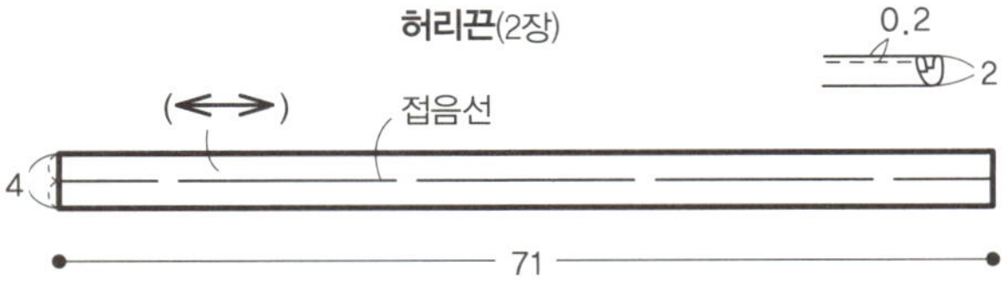

[옷감을 마름질하는 법]

110cm 폭

허리끈
주머니
(골선)
0
덧댐천 0.5
안단
어깨끈
몸판
2.5
150
(겉)
2.5
밑단 B
밑단 A
3
3

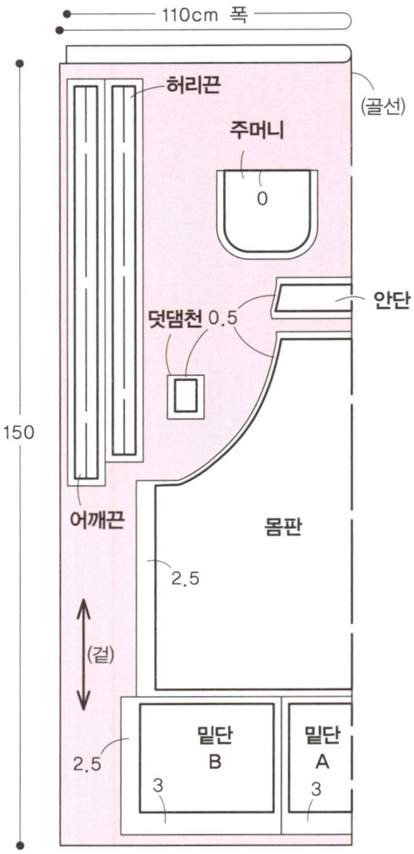

※ 정해진 곳 이외의 시접 치수는 1cm

어깨끈(2장)

4
뒤
5
단추
75
접음선
0.2
2

허리끈(2장)

0.2
(↔)
접음선
4
71
2

기본 옷본 제도

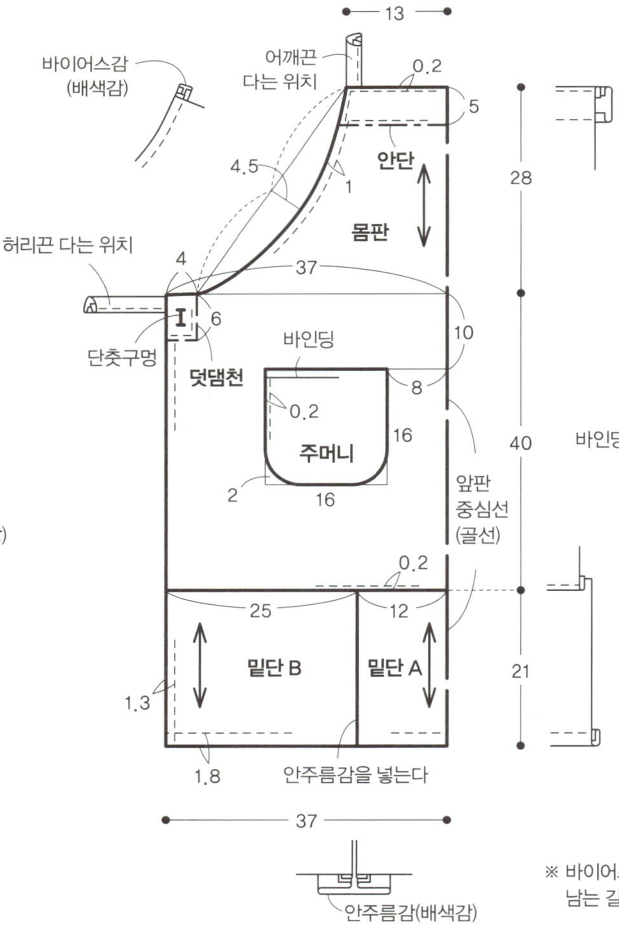

13
바이어스감
(배색감)
어깨끈
다는 위치
0.2
5
4.5
안단
1
28
몸판
허리끈 다는 위치
4
37
단춧구멍
6
10
덧댐천
바인딩
8
0.2
주머니
16
2
16
40
앞판
중심선
(골선)
21
바인딩(배색감·↗) 폭 = 1.2

0.2
25
12
밑단 B
밑단 A
1.3
21
1.8
1.8
안주름감을 넣는다
37

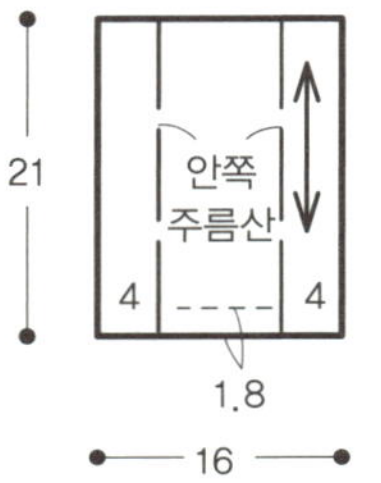

안주름감(배색감·2장)

21
안쪽
주름산
4
4
1.8
16

겉
안주름감(배색감)

[배색감을 마름질하는 법]

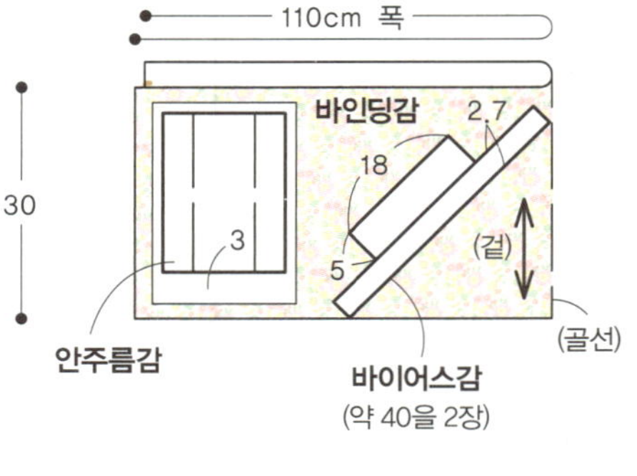

110cm 폭
바인딩감
2.7
18
30
3
5
(겉)
안주름감
바이어스감
(약 40을 2장)
골선

※ 바이어스감은 넉넉하게 준비하여, 바이어스 처리하는 치수에 맞추고
　남는 길이를 잘라 냅니다.

만드는 법

1 주머니를 만들어서 단다.
(47쪽 참조)

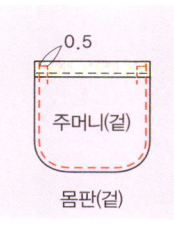
0.5
주머니(겉)
몸판(겉)

※ 주머니 입구에 바인딩 처리하는 법은 56쪽 참조.

2 어깨끈, 허리끈을 만든다.
(47쪽 참조)

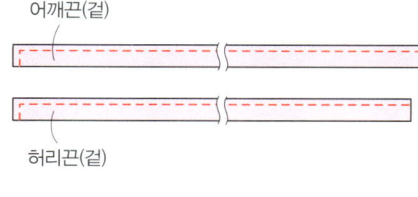
어깨끈(겉)
허리끈(겉)

[만드는 순서]

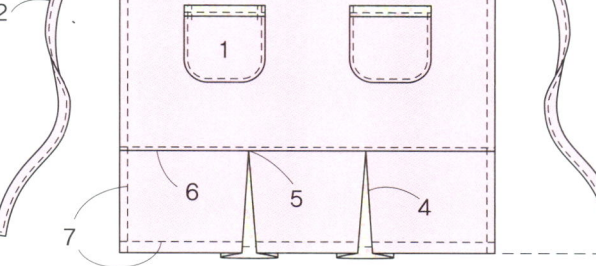
2
8
3
2
89
1
6
5
4
7

3 가슴선, 진동둘레를 박는다. (47쪽 참조)

어깨끈(겉)
안단(겉)
몸판(안)
허리끈(겉)
덧댐천(겉)

4 밑단 A, 밑단 B, 안주름감을 잇는다.

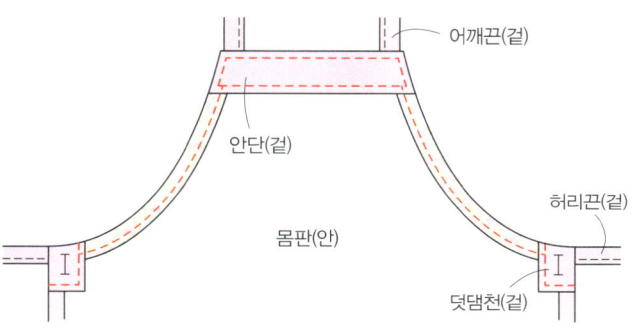
밑단 A(겉)
① 박는다
② 2장을 같이 지그재그로 박는다
안주름감(안)
밑단 B (안)
③ 시접을 안주름감 쪽으로 넘긴다

5 주름을 접는다.

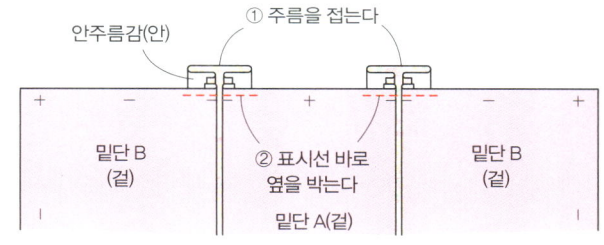
안주름감(안)
① 주름을 접는다
밑단 B (겉)
② 표시선 바로 옆을 박는다
밑단 B (겉)
밑단 A(겉)

6 몸판과 밑단을 잇는다.

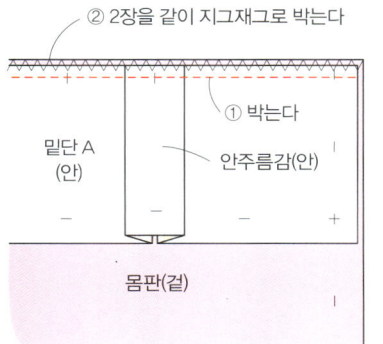
② 2장을 같이 지그재그로 박는다
① 박는다
밑단 A (안)
안주름감(안)
몸판(겉)

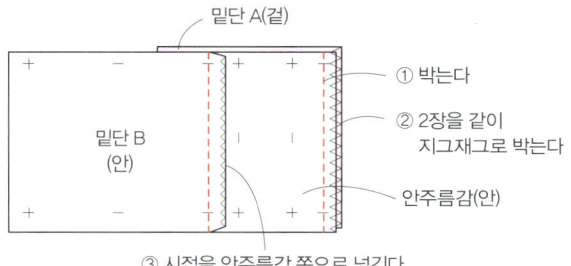
몸판(겉)
① 시접을 몸판 쪽으로 넘긴다
0.2
② 박는다
밑단 B(겉)

7 뒤판 끝선을 박고 밑단을 박는다.

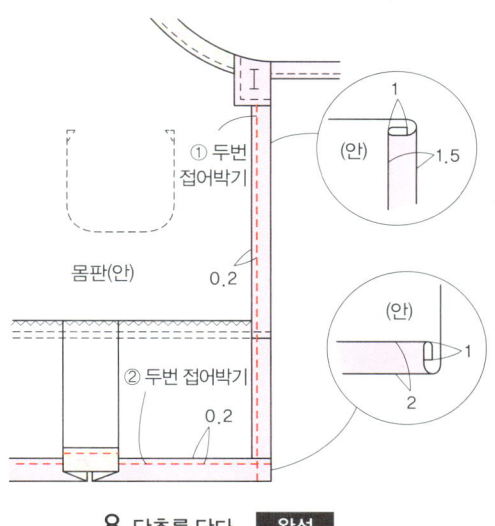
① 두번 접어박기
몸판(안)
(안)
1
1.5
0.2
(안)
1
② 두번 접어박기
0.2
2

8 단추를 단다. **완성**

51

27

홀터넥 플레어 앞치마

홀터넥처럼 목 뒤에서 묶도록 한
카슈쾨르풍의 세련된 앞치마예요.
절개선 아래로는 플레어가 깔끔하게
펼쳐져서 우아한 멋이 있지요.
손님을 대접하는 자리에 잘 어울려요.

| 만드는 법 | page 54 |
| 제작 | 사카이 미나코 |

28

프릴을 단
홀터넥 플레어 앞치마

27의 디자인을 단색으로 만들고
치맛단에 프릴을 달았어요.
선명한 로열블루 브로드클로스가
품위 있고 화려한 분위기를 만들어 줍니다.

| 만드는 법 | page 54
| 옷감 | 코스모텍스타일(AD8500-263)
| 제작 | 사카이 미나코

재료

27 옷감(면 옥스퍼드) 110cm 폭 170cm

27 배색감(면 브로드클로스) 112cm 폭 120cm

28 옷감(면 브로드클로스) 110cm 폭 270cm

실물 크기 옷본

◆ B면 27·28 : 가슴바대 / 허릿단 / 몸판 / 주머니

※ 어깨끈, 허리끈, 바이어스감, no.23의 바인딩감,
　no.28의 프릴은 직선 부분이므로 옷감에 직접
　그려서 마름질합니다.

no.28 주머니

0.5　1.8

0.2

허리끈(no.27 배색감·2장 / no.28 옷감·2장)

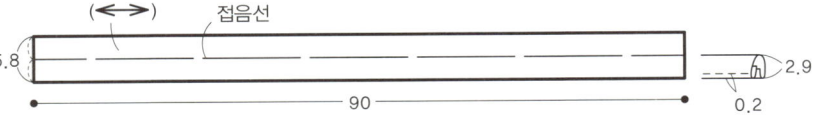

접음선

5.8　　　90　　　2.9　　0.2

no.28 프릴

주름

7　0.8　0.4　　210

뒤　　　　　뒤

어깨끈(no.27 배색감·2장 / no.28 옷감·2장)

접음선

5.8　　　65　　　2.9　　0.2

기본 옷본 제도

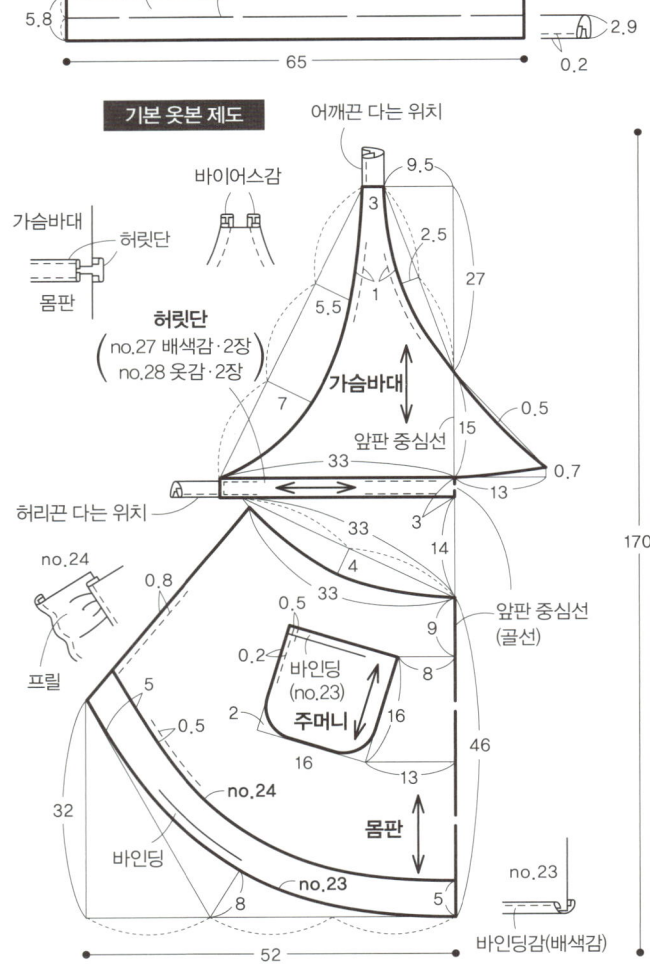

바이어스감

가슴바대

허릿단

몸판

어깨끈 다는 위치

9.5

3

2.5

27

5.5　1

허릿단
(no.27 배색감·2장
no.28 옷감·2장)

7

가슴바대

앞판 중심선

15　0.5

33　0.7

허리끈 다는 위치

13　3

33　14

4

33　9

0.5

0.2　바인딩(no.23)

주머니

2　16

16　13

8

46

앞판 중심선(골선)

no.24

0.8

프릴

5

0.5

32

바인딩

no.23

8　5

52

no.23

바인딩감(배색감)

바인딩(배색감·↗) 폭 = 1.2

몸판

[no.27 옷감을 마름질하는 법]

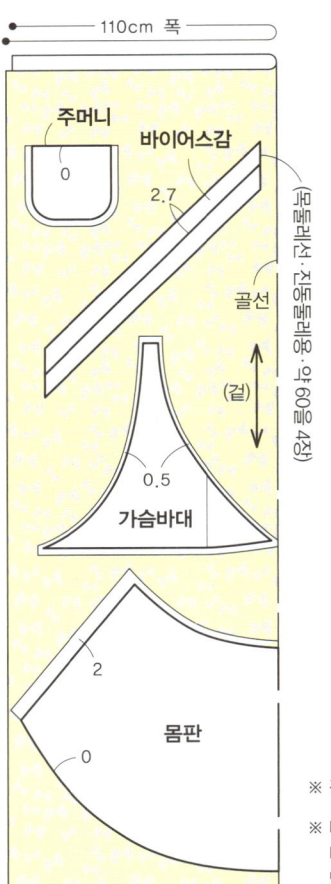

110cm 폭

주머니　0

바이어스감

2.7

골선

(겉)

170

(올풀림·진동둘레용·약 60을 4장)

가슴바대

0.5

몸판

2

0

[no.27 배색감을 마름질하는 법]

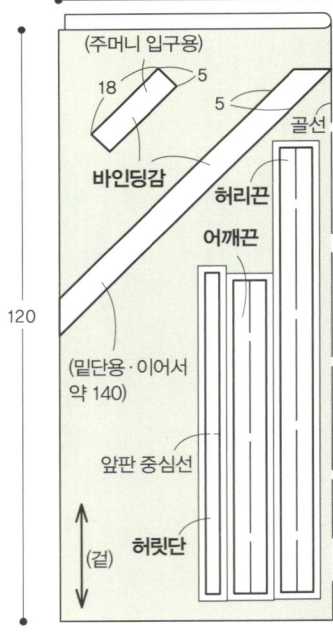

112cm 폭

(주머니 입구용)

18　5

바인딩감

5

골선

허리끈

어깨끈

120

(밑단용·이어서 약 140)

앞판 중심선

허릿단

(겉)

※ 정해진 곳 이외의 시접 치수는 1cm

※ 바인딩감, 바이어스감은 넉넉하게 준비하여,
　바인딩이나 바이어스 처리하는 치수에
　맞추고 남는 길이를 잘라 냅니다.

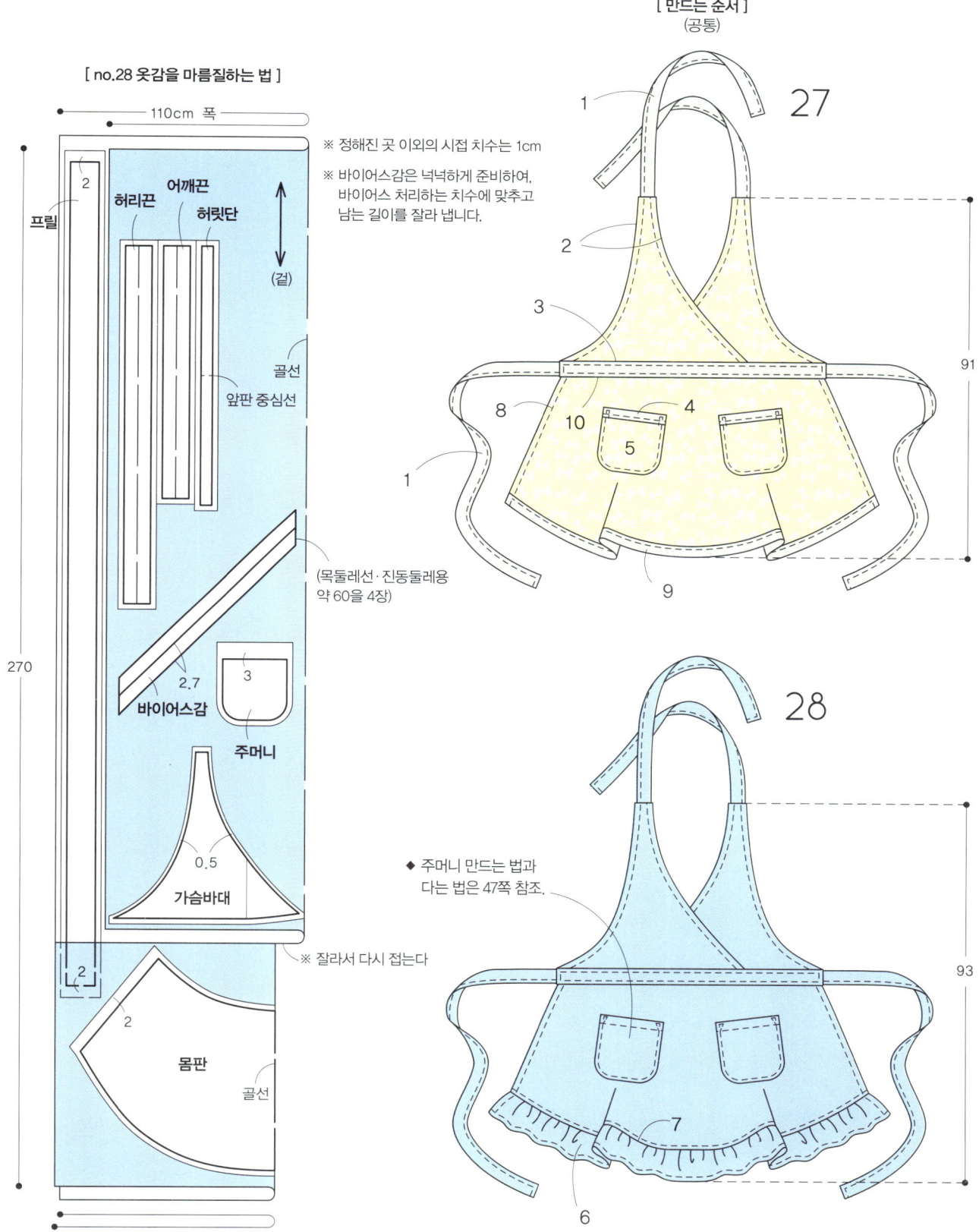

[no.28 옷감을 마름질하는 법]

110cm 폭

270

프릴

2

허리끈 어깨끈

허릿단

(겉)

골선
앞판 중심선

(목둘레선·진동둘레용
약 60을 4장)

바이어스감   2.7

3

주머니

가슴바대   0.5

※ 잘라서 다시 접는다

2

2

몸판

골선

※ 정해진 곳 이외의 시접 치수는 1cm

※ 바이어스감은 넉넉하게 준비하여,
바이어스 처리하는 치수에 맞추고
남는 길이를 잘라 냅니다.

[만드는 순서]
(공통)

27

91

1

2

3

8

10   4

5

1

9

28

93

◆ 주머니 만드는 법과
다는 법은 47쪽 참조.

7

6

1 어깨끈, 허리끈을 만든다.

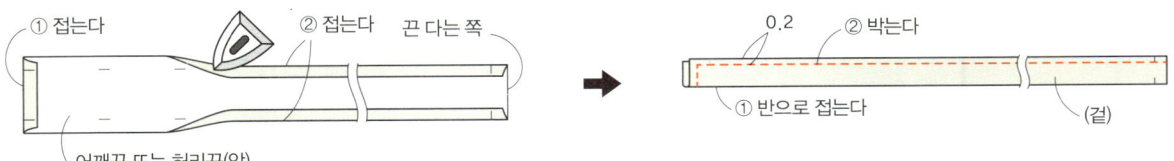

① 접는다
② 접는다
끈 다는 쪽
어깨끈 또는 허리끈(안)

0.2
② 박는다
① 반으로 접는다
(겉)

2 어깨끈을 끼우고 목둘레선, 진동둘레를 박는다. (바이어스감 만드는 법은 76쪽 참조)

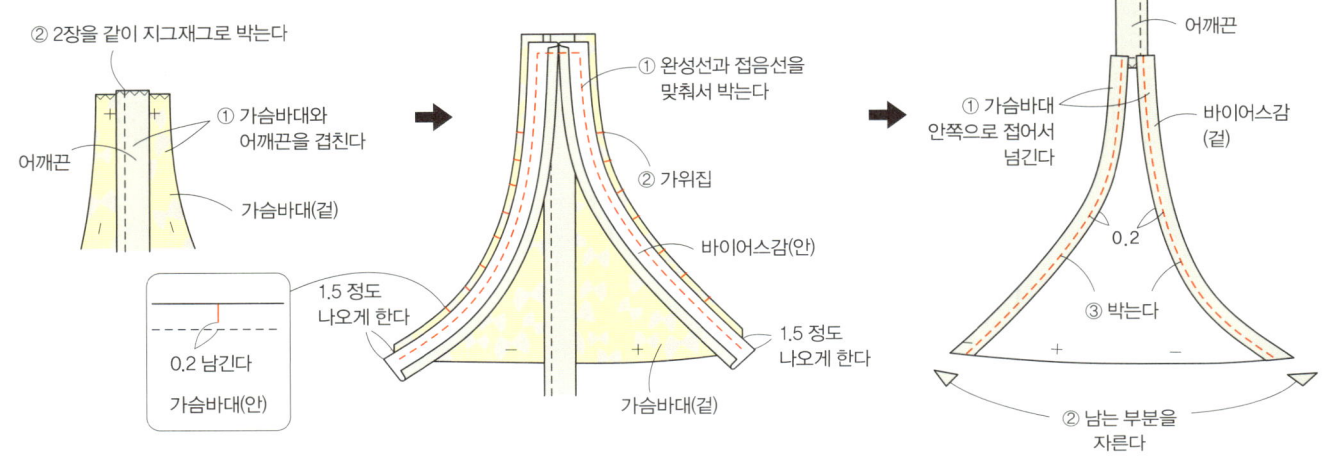

② 2장을 같이 지그재그로 박는다
① 가슴바대와 어깨끈을 겹친다
어깨끈
가슴바대(겉)

0.2 남긴다
가슴바대(안)

① 완성선과 접음선을 맞춰서 박는다
② 가위집
1.5 정도 나오게 한다
바이어스감(안)
1.5 정도 나오게 한다
가슴바대(겉)

어깨끈
① 가슴바대 안쪽으로 접어서 넘긴다
바이어스감(겉)
0.2
③ 박는다
② 남는 부분을 자른다

3 좌우 가슴바대를 겹치고 허릿단을 잇는다.

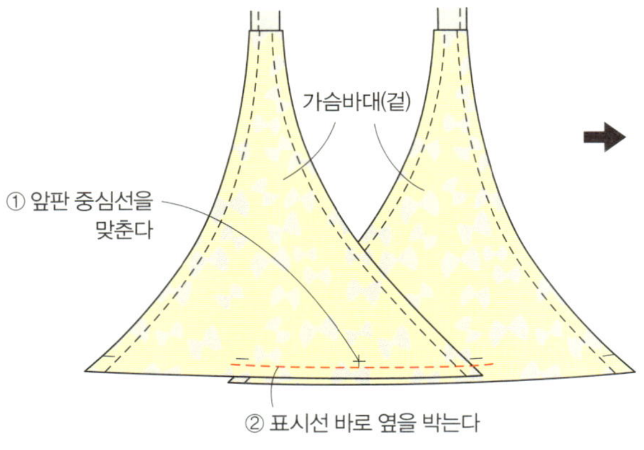

가슴바대(겉)
① 앞판 중심선을 맞춘다
② 표시선 바로 옆을 박는다

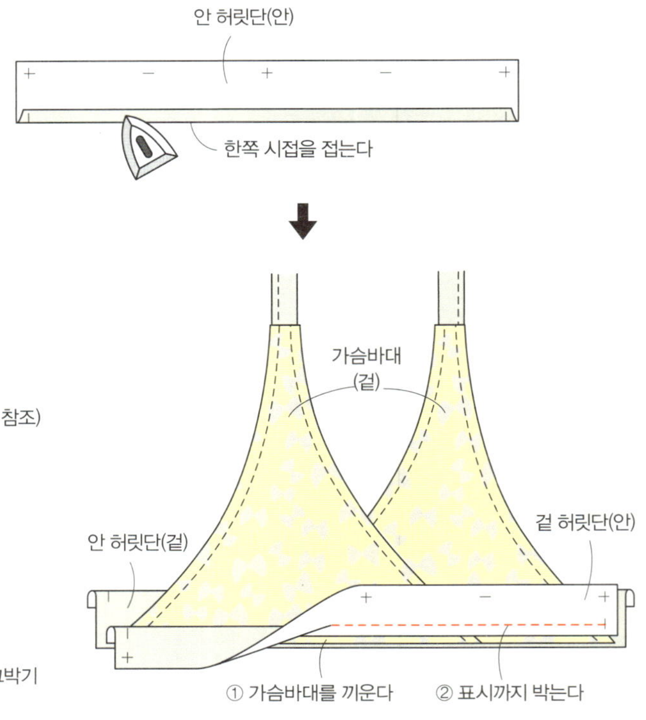

안 허릿단(안)
한쪽 시접을 접는다

가슴바대(겉)
안 허릿단(겉)
겉 허릿단(안)
① 가슴바대를 끼운다
② 표시까지 박는다

4 주머니 입구를 바인딩 처리한다. (no.27만·바인딩감 만드는 법은 77쪽 참조)

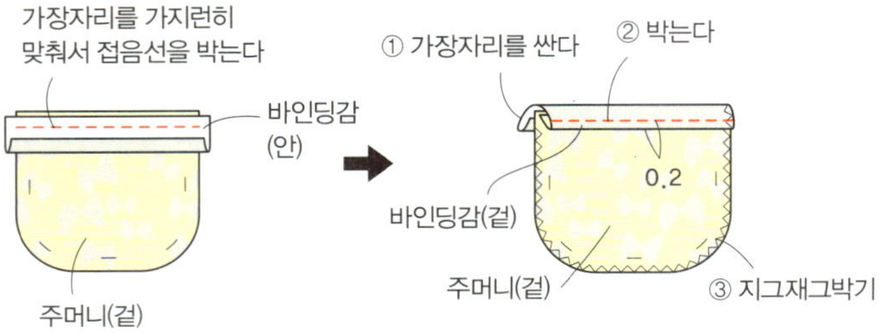

가장자리를 가지런히 맞춰서 접음선을 박는다
바인딩감(안)
주머니(겉)

① 가장자리를 싼다
② 박는다
0.2
바인딩감(겉)
주머니(겉)
③ 지그재그박기

56

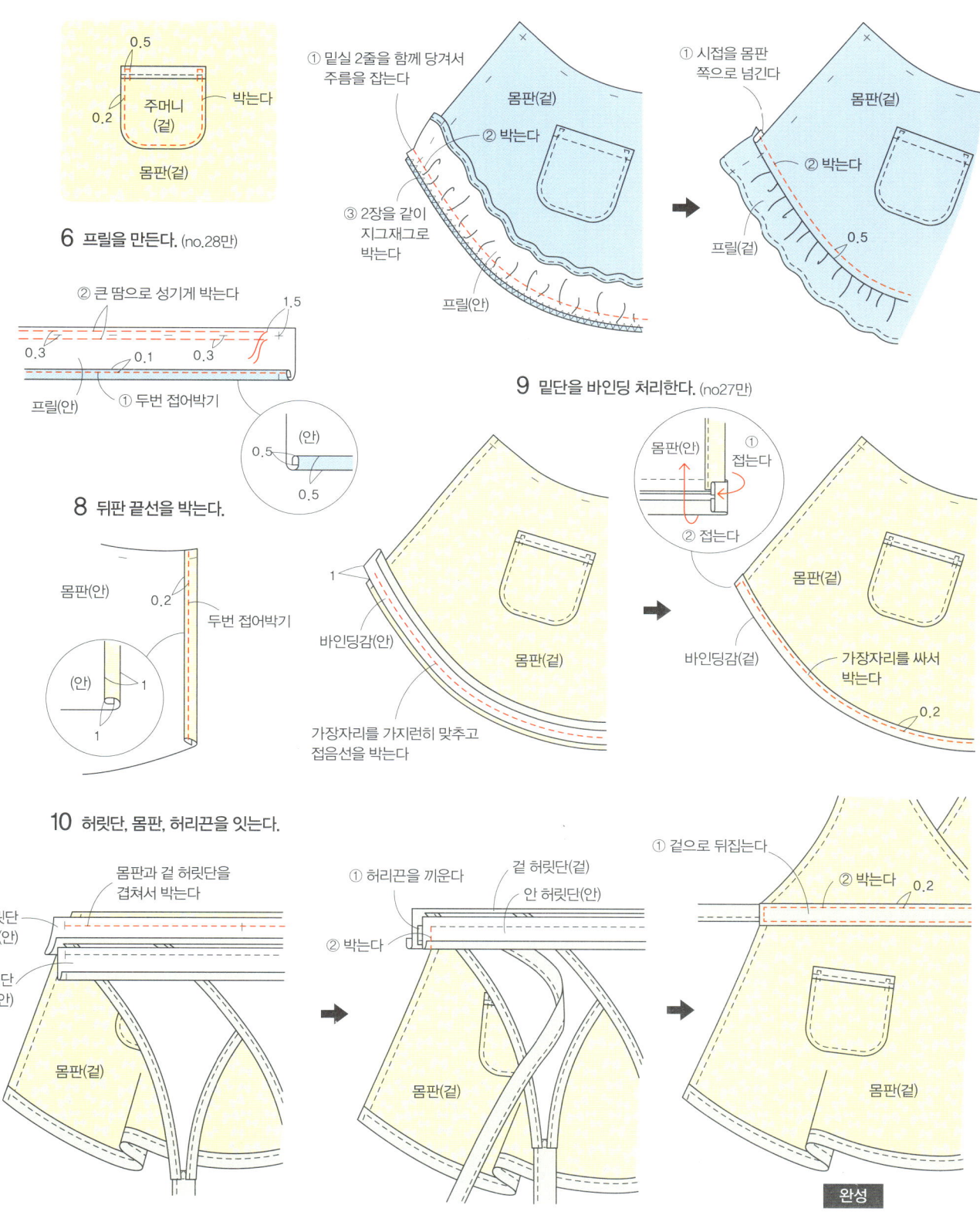

5 주머니를 만들어서 단다. (47쪽 참조)

0.5
0.2
주머니(겉)
박는다
몸판(겉)

6 프릴을 만든다. (no.28만)

② 큰 땀으로 성기게 박는다
1.5
0.3
0.1
0.3
프릴(안)
① 두번 접어박기
(안)
0.5
0.5

7 프릴을 단다. (no.28만·주름 잡는 법은 97쪽 참조)

① 밑실 2줄을 함께 당겨서 주름을 잡는다
몸판(겉)
② 박는다
③ 2장을 같이 지그재그로 박는다
프릴(안)

① 시접을 몸판 쪽으로 넘긴다
몸판(겉)
② 박는다
프릴(겉)
0.5

8 뒤판 끝선을 박는다.

몸판(안)
0.2
두번 접어박기
(안)
1
1

9 밑단을 바인딩 처리한다. (no27만)

1
바인딩감(안)
몸판(겉)
가장자리를 가지런히 맞추고 접음선을 박는다

몸판(안)
① 접는다
② 접는다
몸판(겉)
바인딩감(겉)
가장자리를 싸서 박는다
0.2

10 허릿단, 몸판, 허리끈을 잇는다.

몸판과 겉 허릿단을 겹쳐서 박는다
겉 허릿단(안)
안 허릿단(안)
몸판(겉)

① 허리끈을 끼운다
겉 허릿단(겉)
안 허릿단(안)
② 박는다
몸판(겉)

① 겉으로 뒤집는다
② 박는다
0.2
몸판(겉)

완성

화이트 리본 앞치마

접박기로 악센트를 준 앞치마는
양옆에서 리본으로 묶어서 입는 디자인이에요.
새하얀 민무늬 옷감으로 만들면
때가 타도 쉽게 표백할 수 있답니다.

만드는 법	page 98
옷감	코스모텍스타일(AD8500−OW)
제작	다마루 가오리

29

사랑스러운 잔꽃무늬 프린트로 만든 주방 장갑과 다용도 덮개.

꽃무늬와 흰색을 배색해서 만든 주방 장갑은 벽에 걸어 두기만 해도 주방에 악센트를 줄 수 있어요.

다용도 덮개는 반다나로 사용하거나 바구니 덮개 등으로 활용하세요.

30 잔꽃무늬 주방 장갑

만드는 법	page 67
옷감	코튼 고바야시
제작	니시무라 아키코

31 잔꽃무늬 다용도 덮개

만드는 법	page 97
옷감	코튼 고바야시
제작	니시무라 아키코

Part 4

허리 앞치마

가슴 바대가 없는 허리 앞치마.
앞치마 끈을 허리에 질끈 동여매면
의욕이 솟아나지요.

수채화 무늬 배색
허리 앞치마

허리에 끈을 둘러서 입는 살롱 앞치마예요.
더블거즈 민무늬와 무늬있는 옷감을
효과적으로 조합한 디자인이랍니다.
집안일 할 때 맵시 있게 입어 보세요.

만드는 법	page 62
옷감	코튼 고바야시
제작	사카이 미나코

32

북유럽풍 꽃무늬 허리 앞치마

현대적인 북유럽풍 꽃무늬 면마로 만들었어요.
주름을 넉넉히 잡기만 한 단순한 디자인이 매력적입니다.
무릎까지 오는 길이라 편하게 입을 수 있어요.

만드는 법	page 62
옷감	코튼 고바야시
제작	고바야시 가오리

33

재료
32 옷감(면 더블 거즈) 110cm 폭 40cm
32 배색감(면 더블 거즈 프린트) 110cm 폭 110cm
33 옷감(면마 캔버스) 110cm 폭 150cm

※ 이 작품은 실물 크기 옷본이 실려 있지 않으므로 종이에
　먼저 제도하거나 옷감에 직접 그려서 마름질합니다.

[만드는 순서]
(공통)

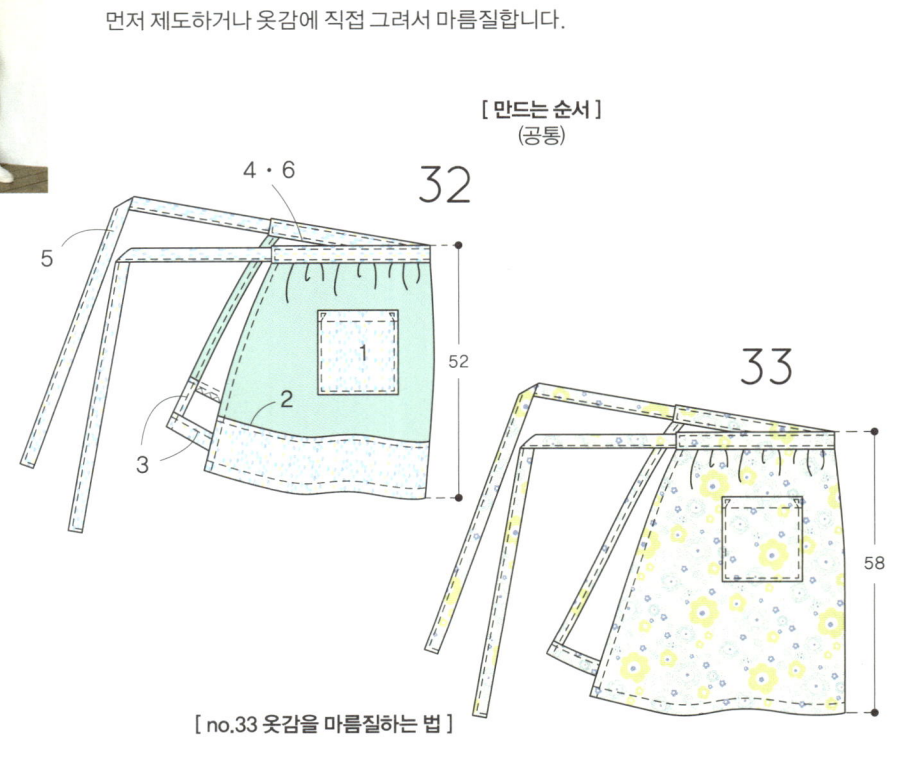

32

33

[no.32 옷감을 마름질하는 법]

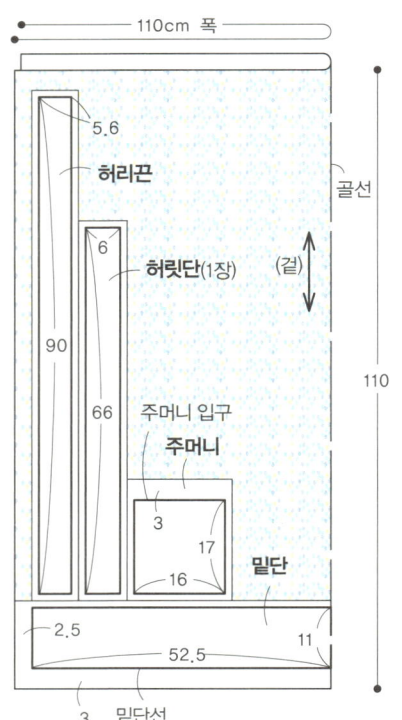

[no.32 배색감을 마름질하는 법]

[no.33 옷감을 마름질하는 법]

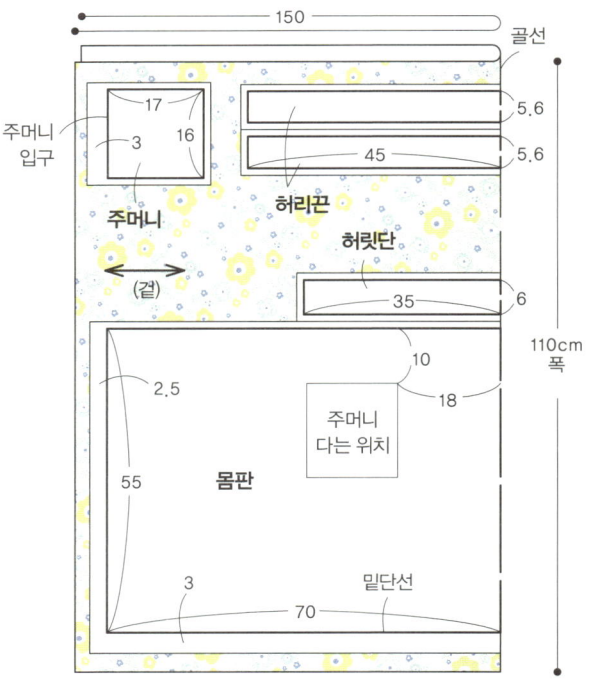

※ 정해진 곳 이외의 시접 치수는 1cm

1 주머니를 만들어서 단다.
(11쪽 참조)

몸판(겉)
0.5
1.8
0.2
주머니(겉)

2 몸판과 밑단을 잇는다. (no.32만)

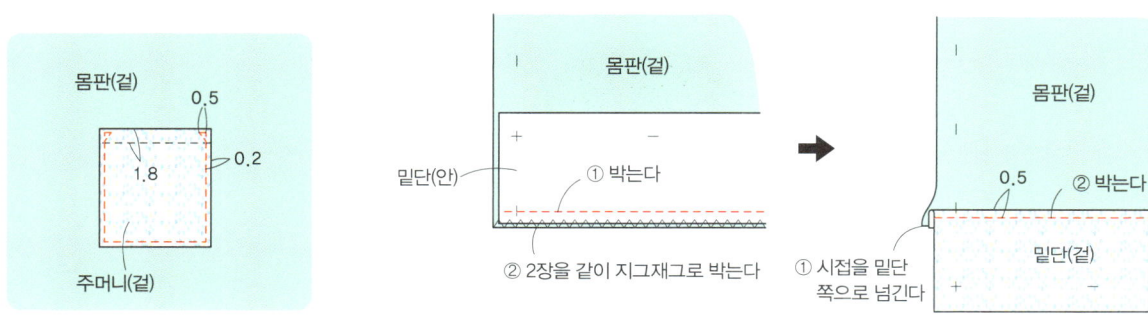

몸판(겉)
밑단(안)
① 박는다
② 2장을 같이 지그재그로 박는다

몸판(겉)
0.5
② 박는다
① 시접을 밑단 쪽으로 넘긴다
밑단(겉)

3 뒤판 끝선을 박고 밑단을 박는다.
맞춤 표시를 하고 주름을 잡기 위해
큰 땀으로 박는다.

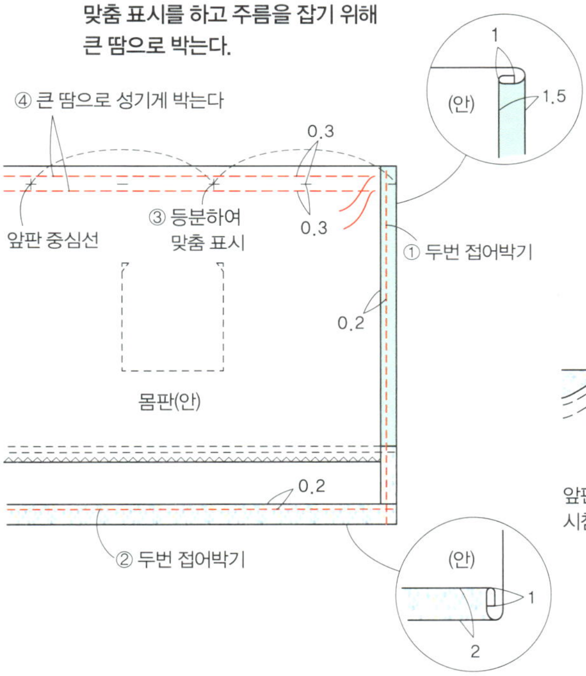

④ 큰 땀으로 성기게 박는다
0.3
③ 등분하여 맞춤 표시
0.3
앞판 중심선
0.2
① 두번 접어박기
1
(안)
1.5
몸판(안)
0.2
② 두번 접어박기
(안)
1
2

4 허릿단에 맞춤 표시를 하고 몸판과 잇는다.

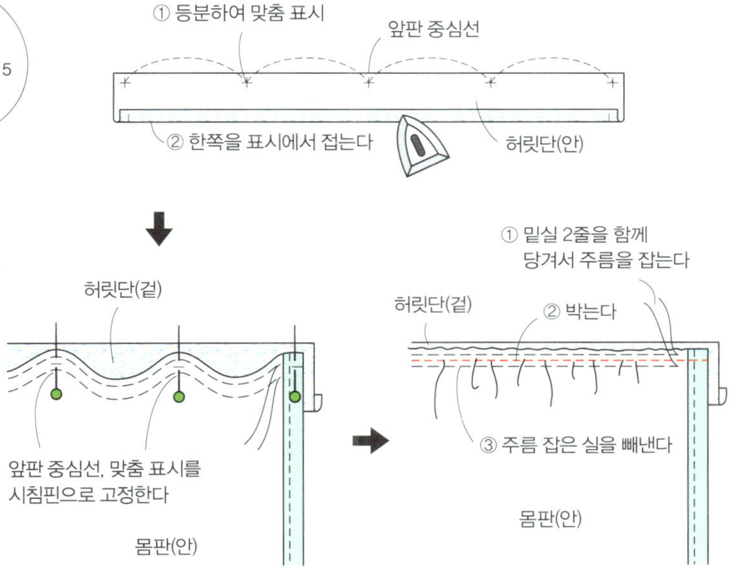

① 등분하여 맞춤 표시
앞판 중심선
② 한쪽을 표시에서 접는다
허릿단(안)

허릿단(겉)
앞판 중심선, 맞춤 표시를 시침핀으로 고정한다
몸판(안)

① 밑실 2줄을 함께 당겨서 주름을 잡는다
허릿단(겉)
② 박는다
③ 주름 잡은 실을 빼낸다
몸판(안)

5 허리끈을 만든다.

① 접는다
② 접는다
끈 다는 쪽
허리끈(안)

① 반으로 접는다
0.2
② 박는다
(겉)

6 허리끈을 끼우고 허릿단을 박는다.

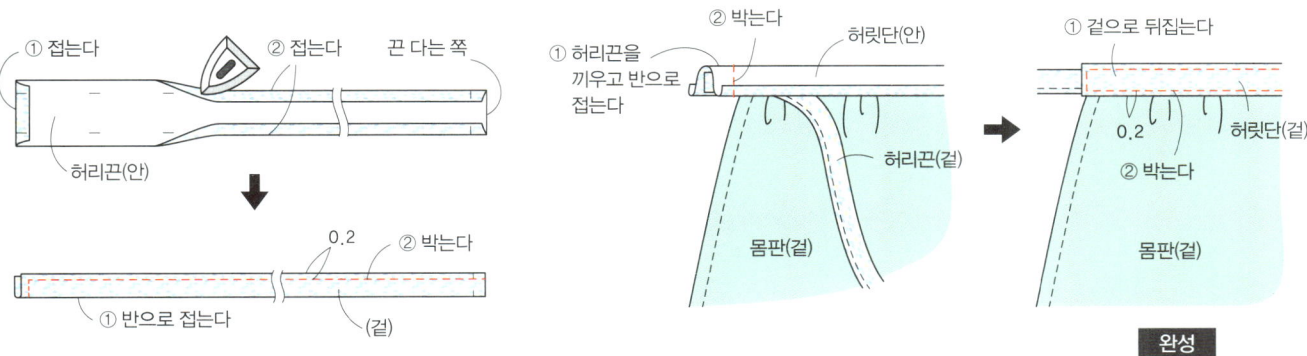

② 박는다
허릿단(안)
① 허리끈을 끼우고 반으로 접는다
허리끈(겉)
몸판(겉)

① 겉으로 뒤집는다
0.2
허릿단(겉)
② 박는다
몸판(겉)

완성

63

베이직 허리 앞치마

독특한 나무늘보 프린트의
겨자색 옷감으로 만든 허리 앞치마.
치마 가운데 슬릿을 둔 단순한 디자인이라
옷감에 따라 다른 분위기를 즐길 수 있어요.

만드는 법	page 66
옷감	코스모텍스타일(AP71307-2B)
제작	니시무라 아키코

34

35
베이커리 프린트 에코백

바게트와 캉파뉴, 크루아상 등 맛있는 빵이 가득한
프린트 옷감으로 에코백을 만들었어요.
큼직한 빵도 길쭉한 바게트도 넉넉히 들어가는 크기예요.

| 만드는 법 | page 41 |
| 옷감 | 코튼 고바야시 |

심플 허리 앞치마

아이보리 면마 캔버스로 만든
심플한 허리앞치마예요.
카페풍 앞치마로 앞쪽에
넉넉한 양쪽 주머니가 있어
작업용으로도 편해요.
길이가 길지만 가운데 슬릿을
넣어서 움직이기 편해요.
주머니 한쪽 옆에는
행주를 끼워 둘 수 있는
태브를 달았어요.

36

| 만드는 법 | page 66 |
| 옷감 | 코튼 고바야시 |

37

미니 허리 앞치마

빨강 깅엄체크로 만든 짧은 허리 앞치마랍니다.
묶음끈이나 주머니 옆의 태브도 같은 천으로 만들어서
간결한 멋이 있지요.

만드는 법	page 66
옷감	홈크래프트
제작	35·36·37 니시무라 아키코

page 64 _ 34   page 65 _ 36   page 65 _ 37

재료
34 옷감(면마 캔버스) 110cm 폭 100cm
36 옷감(면마 캔버스) 110cm 폭 100cm
37 옷감(아이보리 깅엄체크) 112cm 폭 110cm
34·36 면 테이프 20mm 폭 170cm

※ 이 작품은 실물 크기 옷본이 실려 있지 않으므로
　종이에 먼저 제도하거나 옷감에 직접 그려서
　마름질합니다.

[no.34·36 옷감을 마름질하는 법]

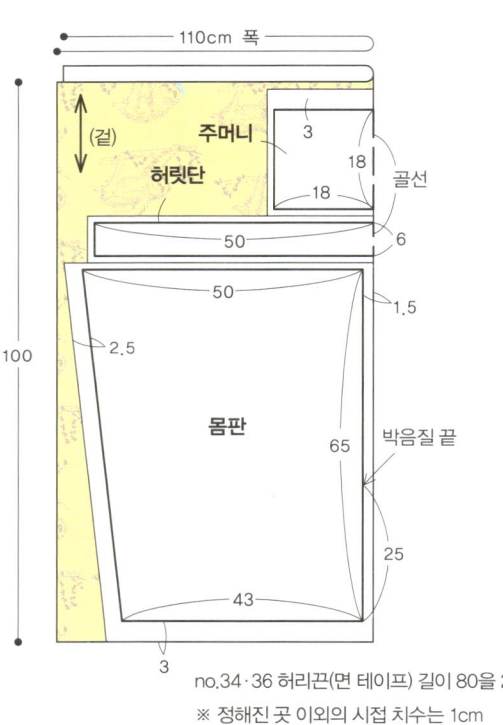

110cm 폭

(겉)

주머니　3　18
허릿단　18　골선
50　6
50　1.5
2.5
100
몸판
65　박음질 끝
25
43
3

no.34·36 허리끈(면 테이프) 길이 80을 2장
※ 정해진 곳 이외의 시접 치수는 1cm

[no.37 옷감을 마름질하는 법]

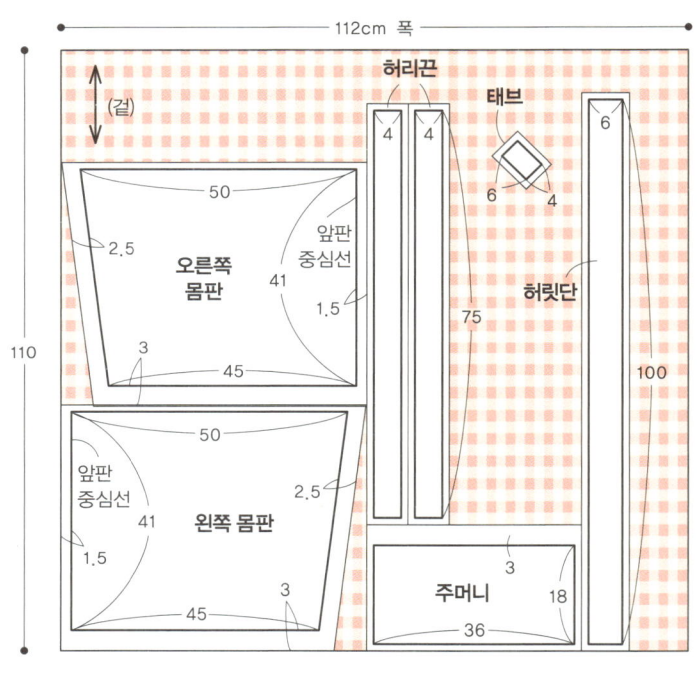

112cm 폭

(겉)
허리끈　4　4　태브　6　4
6
50
2.5
오른쪽 몸판　앞판 중심선　41　1.5
75
허릿단
3
45
100
50
앞판 중심선　41
2.5
1.5
왼쪽 몸판
3
45
3
주머니　18
36
3

만드는 법 (공통)

1 앞판 중심선을 박는다.

① 1장씩 지그재그 박기
② 박는다
몸판(안)
no.34
no.36
박음질 끝
몸판(겉)

① 시접을 벌린다
0.7　0.7
② 박는다
몸판(겉)

34·36

68

1　5　2　3　4

[만드는 순서] (공통)

37

44

태브

0.2

박는다
0.7 두번 접어박기

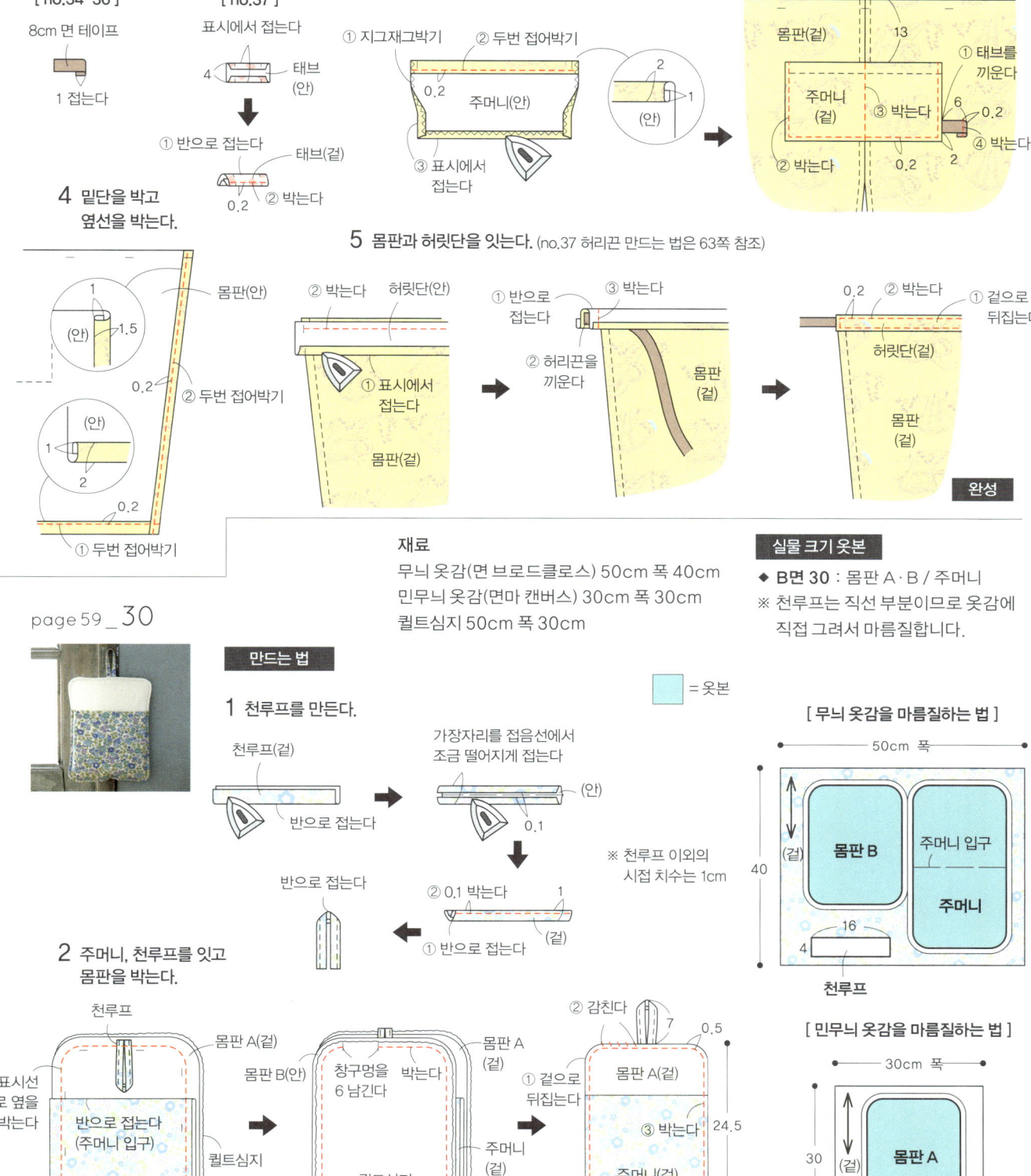

2 태브를 만든다.

[no.34·36]

8cm 면 테이프

1 접는다

[no.37]

표시에서 접는다

4

태브(안)

① 반으로 접는다

태브(겉)

② 박는다

0.2

3 주머니를 만들어서 단다.

① 지그재그박기

② 두번 접어박기

0.2

주머니(안)

③ 표시에서 접는다

2

1

(안)

13

몸판(겉)

① 태브를 끼운다

주머니(겉)

③ 박는다

6

0.2

② 박는다

④ 박는다

2

0.2

4 밑단을 박고 옆선을 박는다.

몸판(안)

1

(안)

1.5

0.2

② 두번 접어박기

1

(안)

2

0.2

① 두번 접어박기

5 몸판과 허릿단을 잇는다. (no.37 허리끈 만드는 법은 63쪽 참조)

② 박는다

허릿단(안)

① 표시에서 접는다

몸판(겉)

① 반으로 접는다

② 허리끈을 끼운다

③ 박는다

몸판(겉)

0.2

② 박는다

① 겉으로 뒤집는다

허릿단(겉)

몸판(겉)

완성

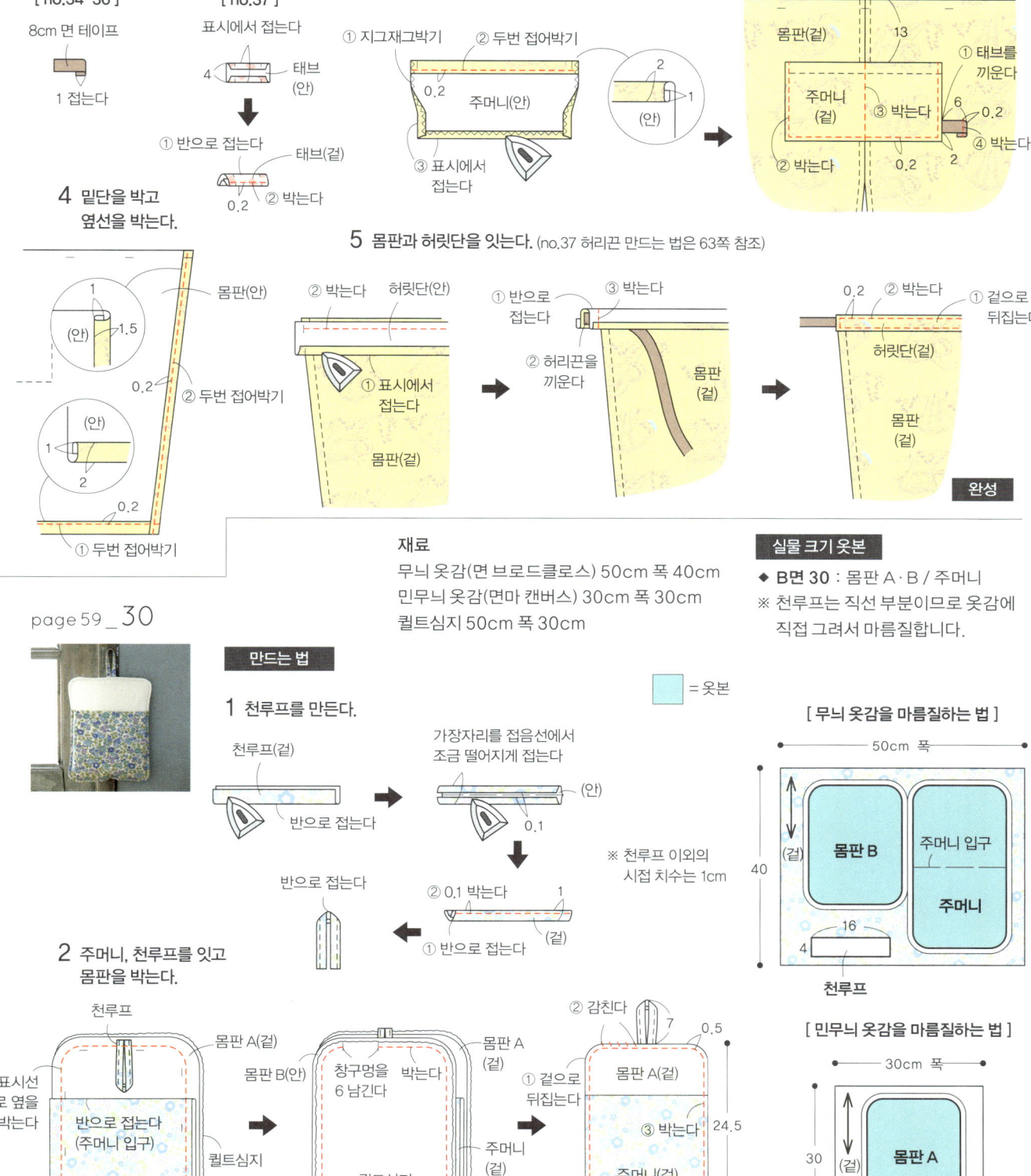

page 59 _ 30

재료

무늬 옷감(면 브로드클로스) 50cm 폭 40cm
민무늬 옷감(면마 캔버스) 30cm 폭 30cm
퀼트심지 50cm 폭 30cm

실물 크기 옷본

◆ B면 30 : 몸판 A·B / 주머니
※ 천루프는 직선 부분이므로 옷감에 직접 그려서 마름질합니다.

만드는 법

= 옷본

1 천루프를 만든다.

천루프(겉)

반으로 접는다

가장자리를 접음선에서 조금 떨어지게 접는다

(안)

0.1

반으로 접는다

② 0.1 박는다

1

(겉)

① 반으로 접는다

※ 천루프 이외의 시접 치수는 1cm

[무늬 옷감을 마름질하는 법]

50cm 폭

40

(겉)

몸판 B

주머니 입구

주머니

16

4

천루프

[민무늬 옷감을 마름질하는 법]

30cm 폭

30

(겉)

몸판 A

2 주머니, 천루프를 잇고 몸판을 박는다.

천루프

몸판 A(겉)

표시선 바로 옆을 박는다

반으로 접는다 (주머니 입구)

주머니(겉)

퀼트심지

몸판 B(안)

창구멍을 6 남긴다

박는다

몸판 A(겉)

주머니(겉)

퀼트심지

② 감친다

7

0.5

① 겉으로 뒤집는다

몸판 A(겉)

③ 박는다

24.5

주머니(겉)

19

※ 퀼트심지는 몸판과 같은 모양으로 2장 마름질한다.

67

38

39

만드는 법	page 70
옷감	nunocoto fabric (면 트윌/ 검정 민무늬)
제작	가네마루 가호리

38 심플 모던 블랙 앞치마
39 심플 모던 블랙 토시

어깨끈은 목에 둘러서 한쪽 고리에 묶고, 허리끈은 뒤에서 교차시켜서 앞에서
리본 매듭으로 묶는 디자인입니다. 어떤 옷에도 잘 어울리는 검은색 면 트윌로
만들었어요. 직선으로만 마름질하여 만들 수 있는 앞치마랍니다.
토시와 함께 세트로 만들어 사용해 보세요.

만드는 법	page 70
옷감	nunocoto fabric
	(면 트윌/ 남색 가는 줄무늬)
제작	가네마루 가호리

40

41

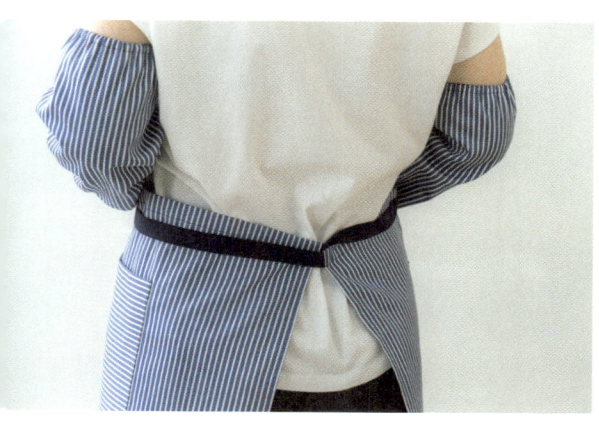

40 심플 모던 블루 스트라이프 앞치마
41 심플 모던 블루 스트라이프 토시

작품 38·39 디자인을 4밀리미터 폭 남색×흰색 줄무늬의 면 트윌로 만들어
보았습니다. 주머니의 식서 방향을 가로로 바꾼 것뿐인데 분위기가
한층 경쾌하고 리드미컬해졌습니다. 양옆에 절개선을 이용한 슬릿을 넣어
편하게 움직일 수 있어서 오래 입고 있어도 편안해요.

재료

38·39 옷감(면 트윌) 108cm 폭 140cm
40·41 옷감(면 트윌) 108cm 폭 140cm
39·41 납작 고무줄 6mm 폭 100cm
38·40 면 테이프 20mm 폭 250cm

※ 이 작품은 실물 크기 옷본이 실려 있지 않으므로 종이에
먼저 제도하거나 옷감에 직접 그려서 마름질합니다.

[no.38·39 옷감을 마름질하는 법]
[no.40·41 옷감을 마름질하는 법]

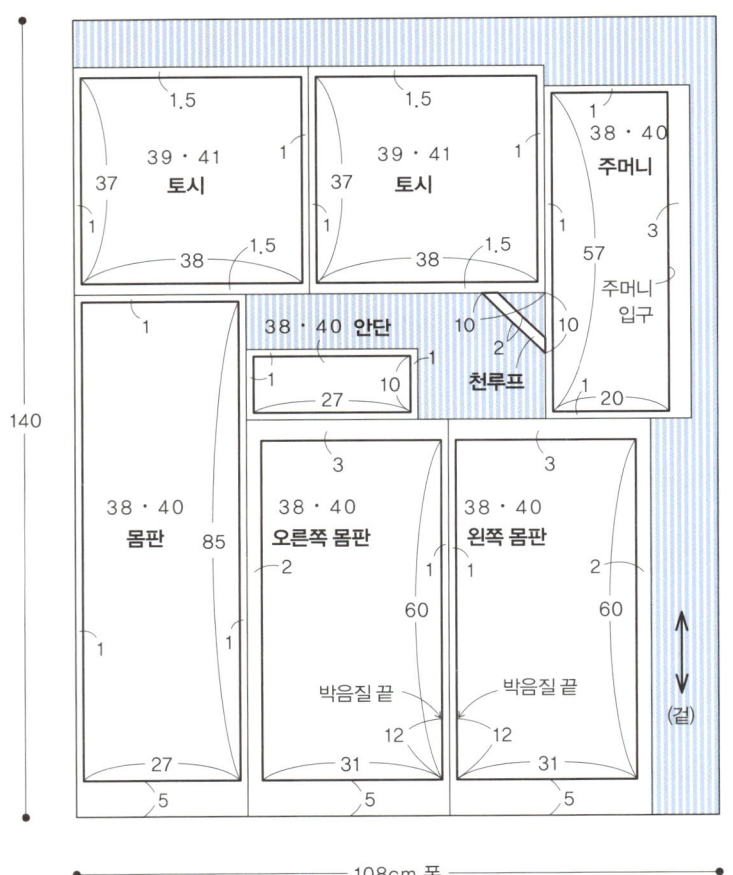

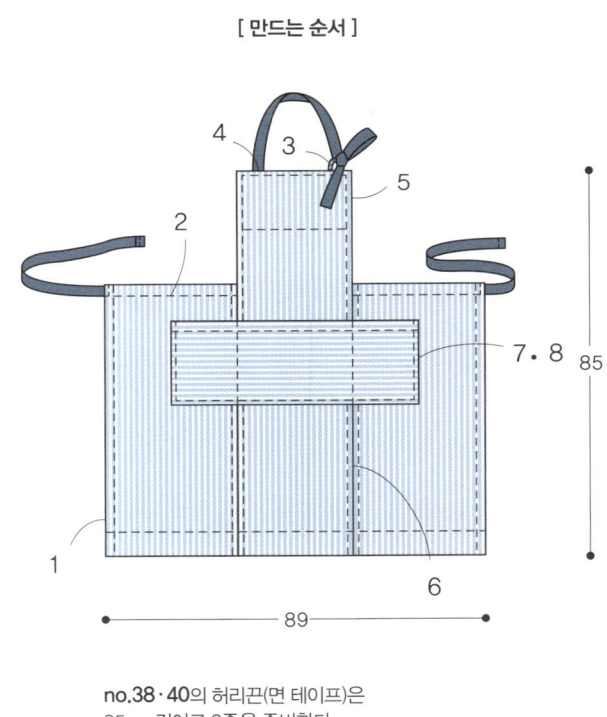

[만드는 순서]

no.38·40의 허리끈(면 테이프)은
85cm 길이로 2줄을 준비한다.

1 밑단과 옆선을 박는다.

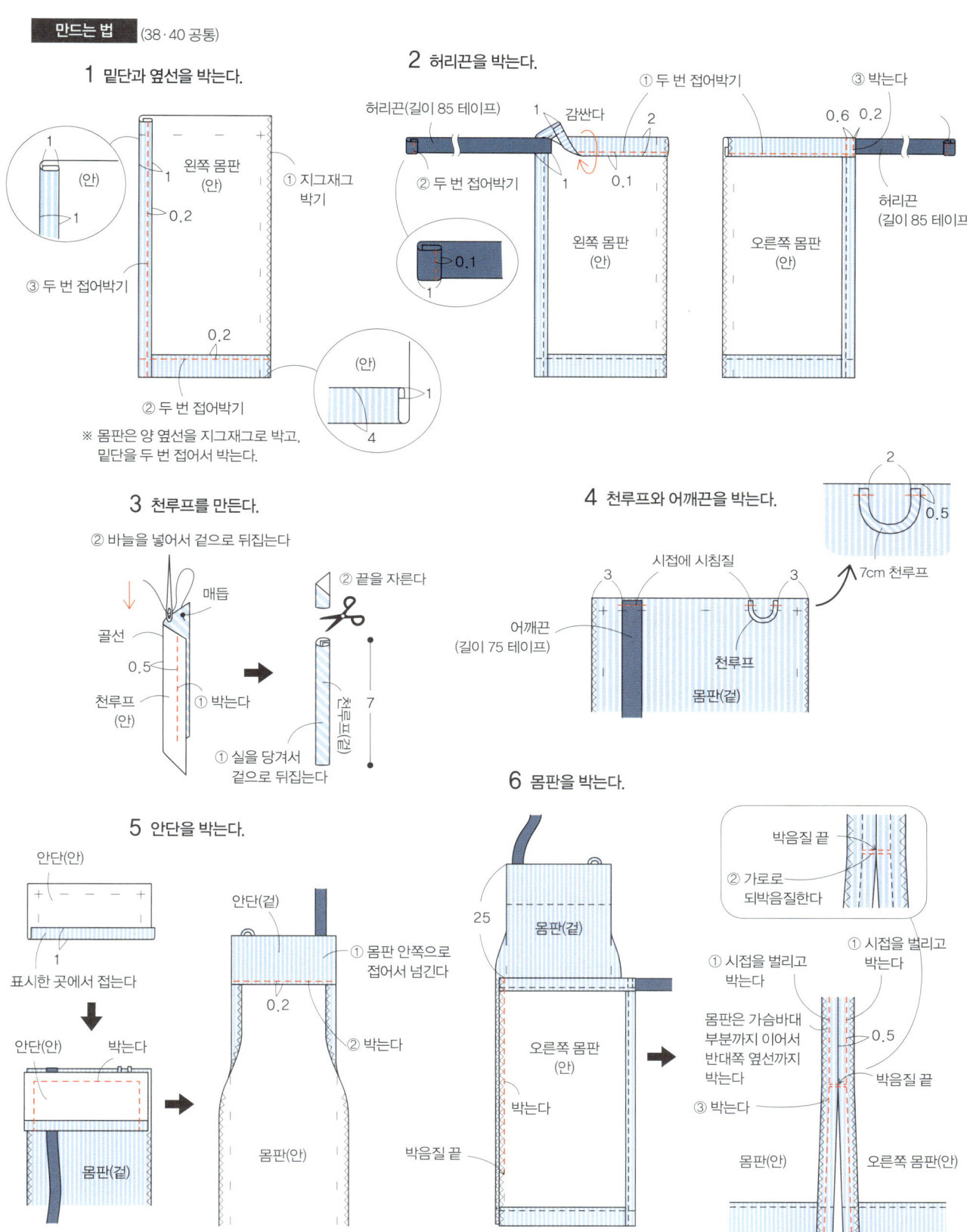

왼쪽 몸판 (안)
① 지그재그 박기
1
0.2
③ 두 번 접어박기
0.2
② 두 번 접어박기
(안)
1
4

※ 몸판은 양 옆선을 지그재그로 박고, 밑단을 두 번 접어서 박는다.

2 허리끈을 박는다.

허리끈(길이 85 테이프)
② 두 번 접어박기
① 두 번 접어박기
감싼다
0.1
1
0.1
왼쪽 몸판 (안)
③ 박는다
0.6 0.2
오른쪽 몸판 (안)
허리끈 (길이 85 테이프)

3 천루프를 만든다.

② 바늘을 넣어서 겉으로 뒤집는다
매듭
골선
0.5
천루프 (안)
① 박는다
② 끝을 자른다
천루프(겉)
7
① 실을 당겨서 겉으로 뒤집는다

4 천루프와 어깨끈을 박는다.

2
0.5
7cm 천루프
3
시접에 시침질
3
어깨끈 (길이 75 테이프)
천루프
몸판(겉)

5 안단을 박는다.

안단(안)
1
표시한 곳에서 접는다
안단(겉)
① 몸판 안쪽으로 접어서 넘긴다
0.2
② 박는다
몸판(안)
안단(안)
박는다
몸판(겉)

6 몸판을 박는다.

25
몸판(겉)
오른쪽 몸판 (안)
박는다
박음질 끝
박음질 끝
② 가로로 되박음질한다
① 시접을 벌리고 박는다
① 시접을 벌리고 박는다
몸판은 가슴바대 부분까지 이어서 반대쪽 옆선까지 박는다
0.5
③ 박는다
박음질 끝
몸판(안)
오른쪽 몸판 (안)

7 주머니를 만든다.

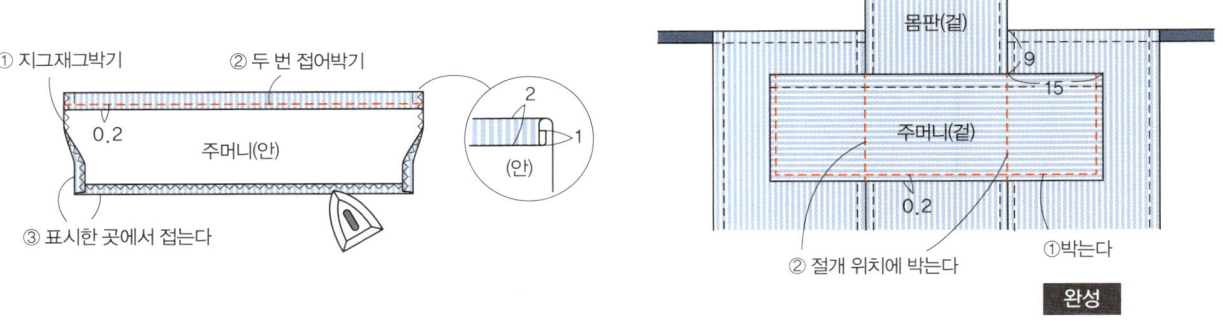

① 지그재그박기
② 두 번 접어박기
0.2
주머니(안)
③ 표시한 곳에서 접는다

2
1
(안)

8 주머니를 단다.

몸판(겉)
9
15
주머니(겉)
0.2
② 절개 위치에 박는다
①박는다

완성

만드는 법 (39·41 공통)

1 옆선을 박는다.

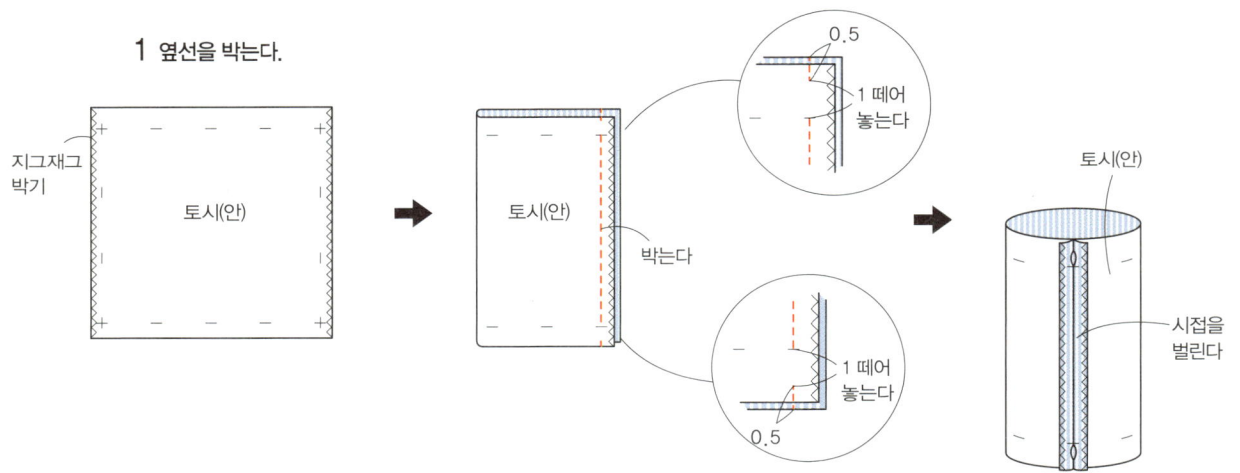

지그재그
박기
토시(안)

토시(안)
박는다

0.5
1 떼어
놓는다

1 떼어
놓는다
0.5

토시(안)
시접을
벌린다

2 위와 아래를 박는다.

① 두 번 접어박기
0.2
② 겉으로
뒤집는다

1
0.5
(안)

※ 아래도 같은 방법으로 두 번 접어서 박는다

3 납작 고무줄을 끼운다.

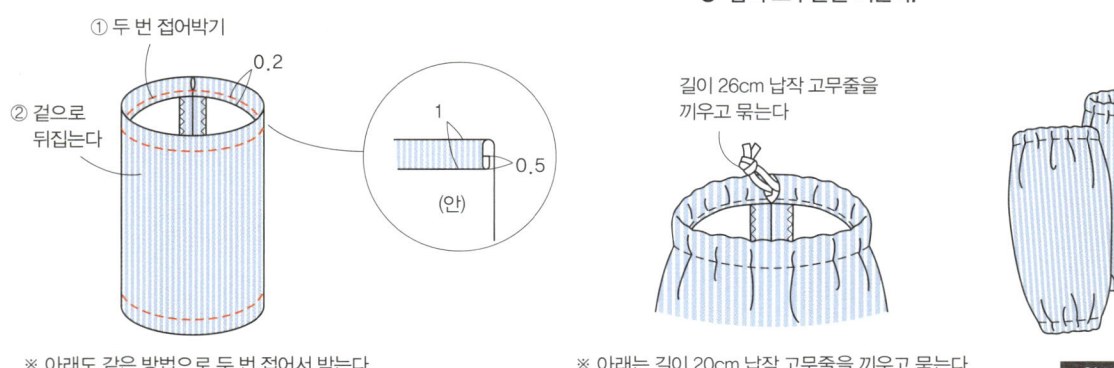

길이 26cm 납작 고무줄을
끼우고 묶는다

37

※ 아래는 길이 20cm 납작 고무줄을 끼우고 묶는다

완성

42 필기체 레터링 허리 앞치마
43 필기체 레터링 토시

앞판 가운데에 커다란 주머니를 단 허리 앞치마입니다.
면 트윌의 영어 필기체 프린트가 눈길을 끌어요.
묶음끈도 앞치마와 같은 옷감으로 만들어서 단순하게 마무리했습니다.
토시도 세트로 만들어 두면 편리하게 이용할 수 있어요.

만드는 법	page 74
옷감	nunocoto fabric (면 트윌 / 스틸그레이 글자 무늬)
제작	시부사와 후사코

42

43

재료

42·43 옷감(면 트윌) 108cm 폭 190cm

43 납작 고무줄 6mm 폭 10cm

※ 이 작품은 실물 크기 옷본이 실려 있지 않으므로
　종이에 먼저 제도하거나 옷감에 직접 그려서
　마름질합니다.

[만드는 순서]

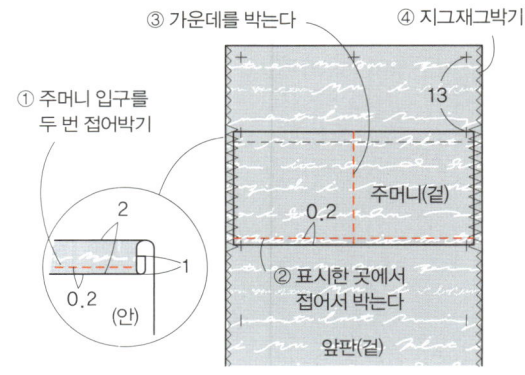

[no.42·43 옷감을 마름질하는 법]

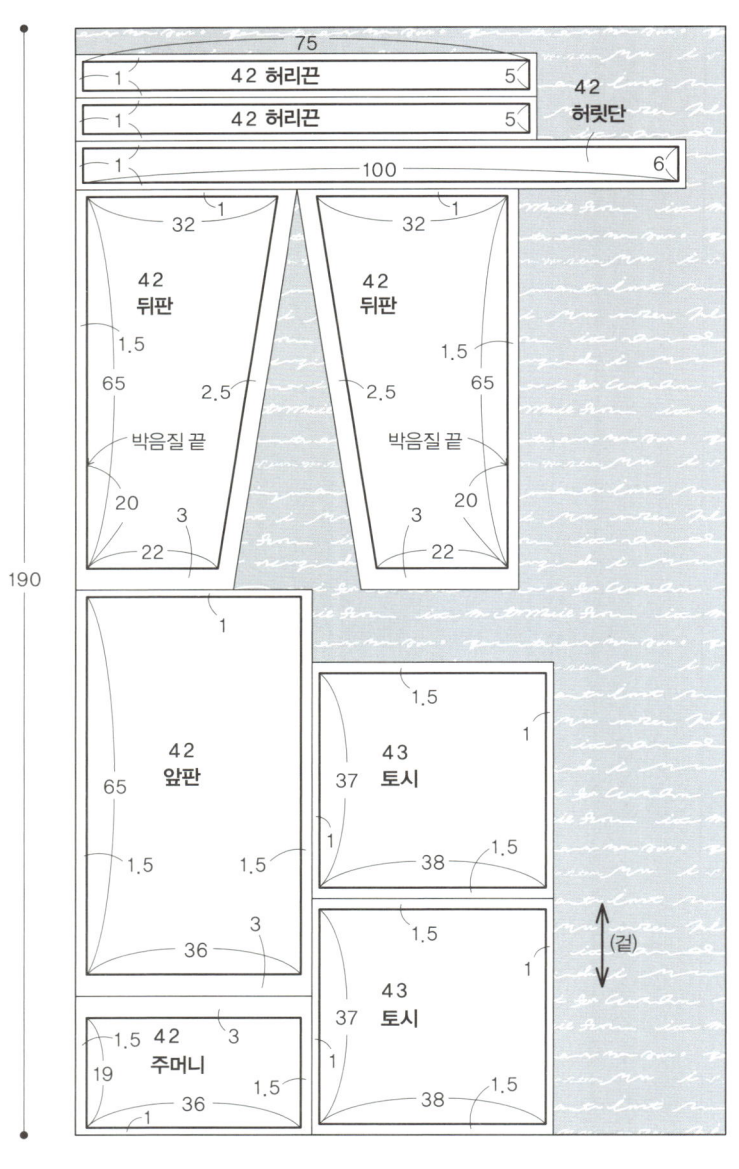

75

| 1 | 42 허리끈 | 5 |

| 1 | 42 허리끈 | 5 |

| 1 | 100 | 6 |

42 허릿단

42 뒤판 — 32, 1, 1.5, 65, 2.5, 박음질 끝, 20, 3, 22

42 뒤판 — 32, 1, 1.5, 2.5, 65, 박음질 끝, 20, 3, 22

42 앞판 — 1, 65, 1.5, 1.5, 3, 36

43 토시 — 1.5, 1, 37, 1.5, 38

43 토시 — 1.5, 1, 37, 1.5, 38

42 주머니 — 1.5, 3, 19, 1.5, 36, 1

(겉)

190

108cm 폭

만드는 법

1 주머니를 만들어서 단다.

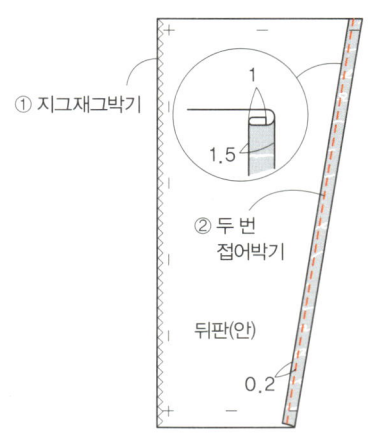

③ 가운데를 박는다

④ 지그재그박기

① 주머니 입구를
두 번 접어박기

2
0.2 (안)
1

주머니(겉)
13
0.2

② 표시한 곳에서
접어서 박는다

앞판(겉)

2 옆선을 박는다.

① 지그재그박기

1
1.5

② 두 번
접어박기

뒤판(안)

0.2

74

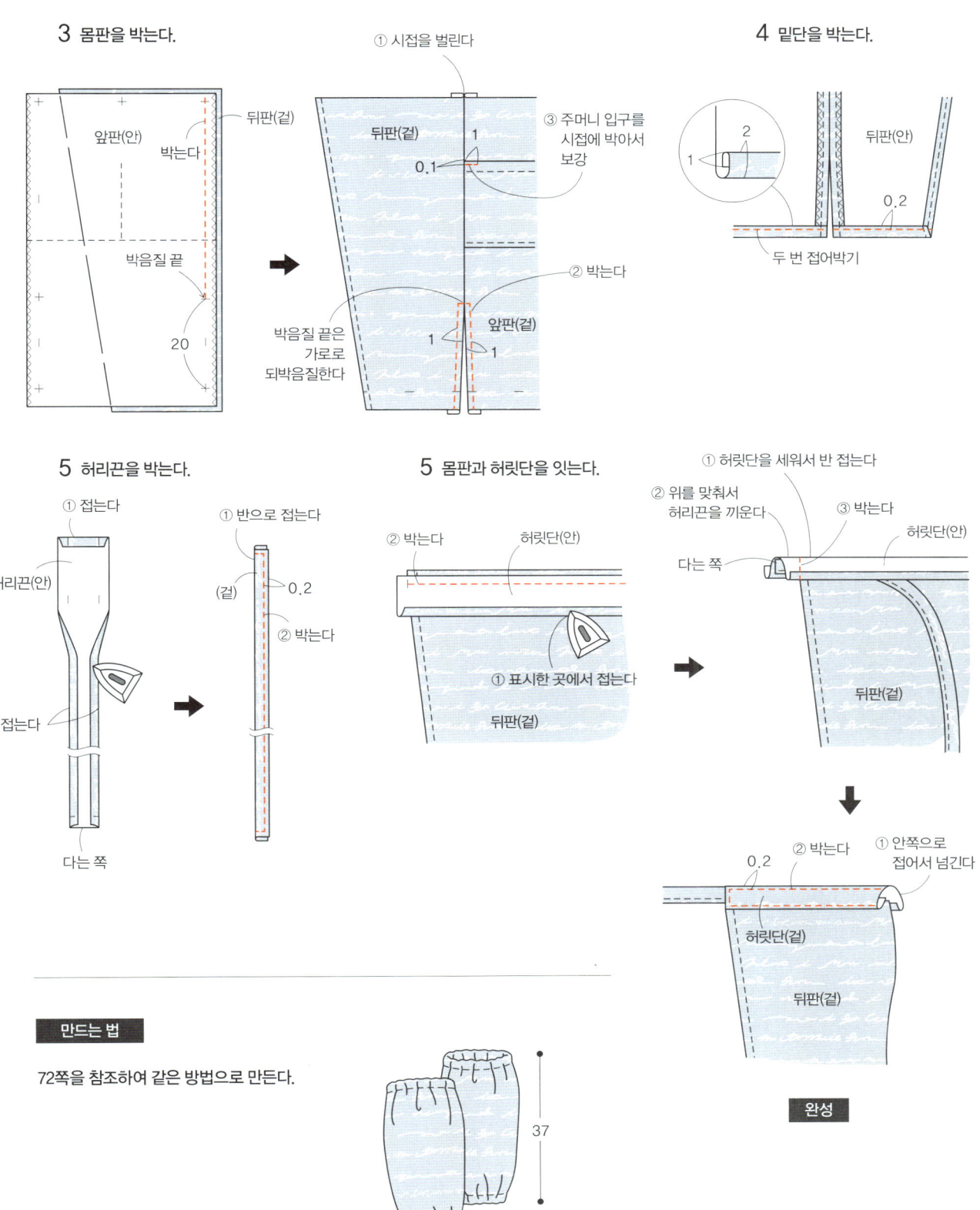

3 몸판을 박는다.

① 시접을 벌린다

뒤판(겉)

앞판(안)

박는다

박음질 끝

20

③ 주머니 입구를
시접에 박아서
보강

뒤판(겉)

1

0.1

② 박는다

앞판(겉)

1

1

박음질 끝은
가로로
되박음질한다

4 밑단을 박는다.

2

1

뒤판(안)

0.2

두 번 접어박기

5 허리끈을 박는다.

① 접는다

허리끈(안)

② 접는다

다는 쪽

① 반으로 접는다

(겉)

0.2

② 박는다

5 몸판과 허릿단을 잇는다.

② 박는다

허릿단(안)

① 표시한 곳에서 접는다

뒤판(겉)

① 허릿단을 세워서 반 접는다

② 위를 맞춰서
허리끈을 끼운다

③ 박는다

허릿단(안)

다는 쪽

뒤판(겉)

0.2

② 박는다

① 안쪽으로
접어서 넘긴다

허릿단(겉)

뒤판(겉)

만드는 법

72쪽을 참조하여 같은 방법으로 만든다.

37

완성

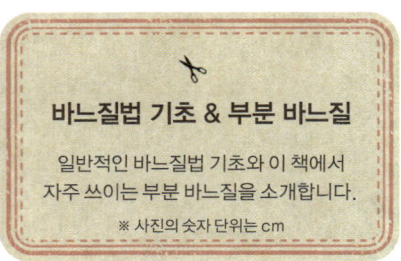
주름 잡는 법

①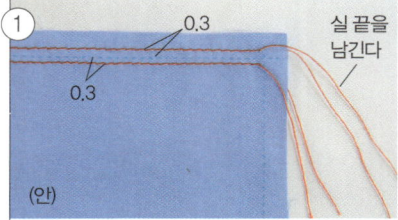

0.3
0.3
실 끝을
남긴다
(안)

완성선을 사이에 두고 재봉틀의 가장 큰 땀으로
성기게 2줄을 박습니다. 되박음질은 하지 않고
실 끝을 남겨 둡니다.

②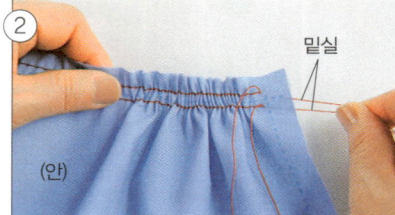

밑실
(안)

밑실 2줄을 함께 당겨서 주름을 잡습니다.

③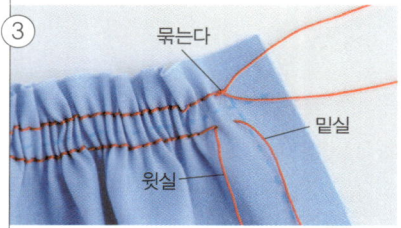

묶는다
밑실
윗실

주름이 풀리지 않도록 윗실을 잡아당겨 밑실을
끌어내어 묶어서 고정합니다.

④

(안)

시접을 다려서 주름을 눌러 줍니다. 완성선보다
아래에 박은 실은 마지막에 빼냅니다.

바이어스감·바인딩감 잇는 법

①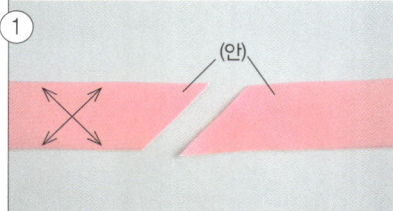

(안)

서로 이을 천 가장자리는 45도로 자릅니다.
(식서 방향이나 푸서 방향에 45도가 되도록 합
니다)

②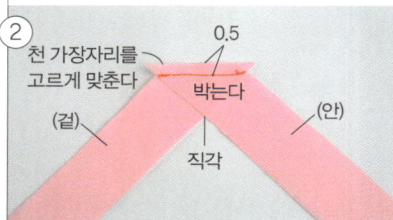

천 가장자리를
고르게 맞춘다
(겉)
0.5
박는다
(안)
직각

겉끼리 직각으로 맞대고 박습니다.

③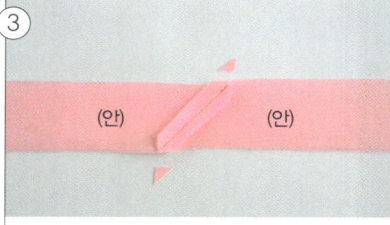

(안)   (안)

시접을 벌려서 다리고, 튀어 나온 부분을 자릅
니다.

바이어스감 만드는 법(양쪽이 접힌 모양)

①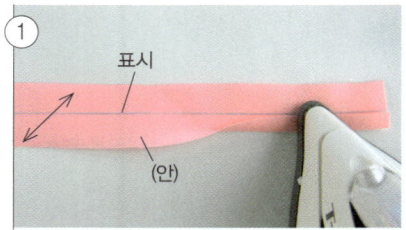

표시
(안)

가운데에 연하게 선을 긋습니다. 천 한쪽 가장자
리를 이 선에 맞춰서 접고 다려 줍니다.

②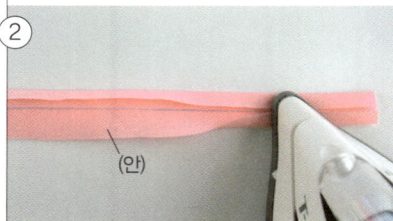

(안)

반대쪽 가장자리도 표시에 맞춰서 접고 다립
니다.

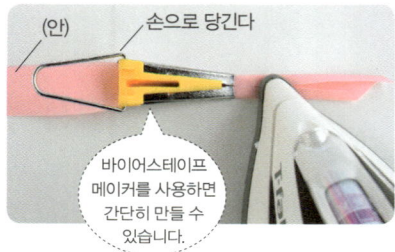

(안)   손으로 당긴다

바이어스테이프
메이커를 사용하면
간단히 만들 수
있습니다.

바이어스감 둥글리는 법

①

바깥 곡선

미리 바깥 곡선 쪽을 손으로 늘립니다.

②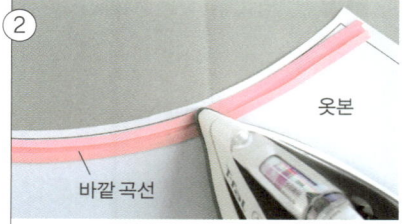

옷본

바깥 곡선

옷본 완성선의 곡선을 따라서 바이어스감을 놓
고 다려 줍니다.

바이어스감으로 처리하는 법

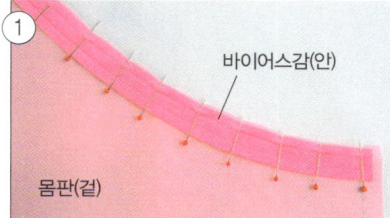

① 바이어스감의 안쪽 곡선 쪽을 펴서 몸판의 완성선과 바이어스감의 접음선을 겉끼리 맞대고 시침핀으로 고정합니다.

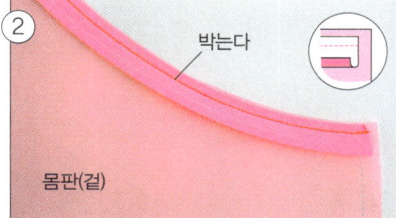

② 바이어스감의 접음선 위를 박습니다.

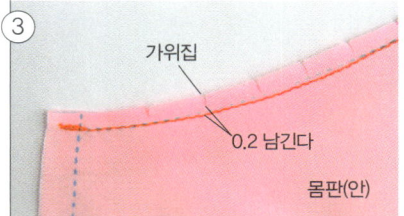

③ 몸판 시접에만 곡선 위치에 가위집을 넣습니다.

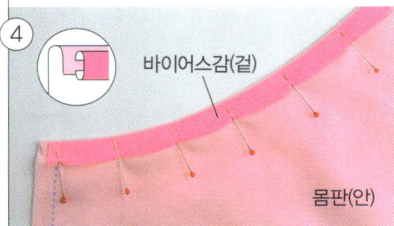

④ 바이어스감을 솔기에서 몸판 안쪽으로 접어서 넘기고 시침핀으로 고정합니다.

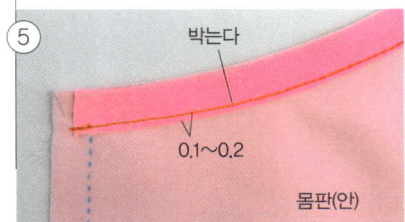

⑤ 바이어스감 가장자리를 박습니다.

바인딩감 만드는 법

① 바인딩감(바이어스 재단)을 마름질합니다.

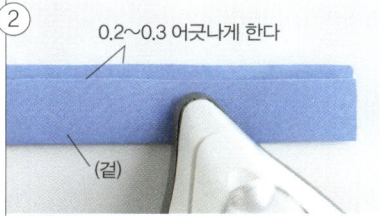

② 가장자리를 조금 어긋나게 하여 반으로 접고 다리미로 다려서 접음선을 냅니다.

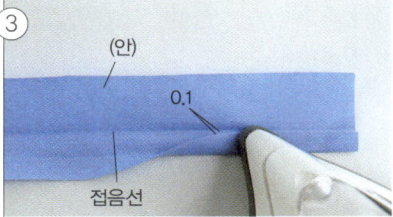

③ 한쪽 가장자리를 접음선에서 0.1cm 떨어지도록 접은 뒤에 다립니다.

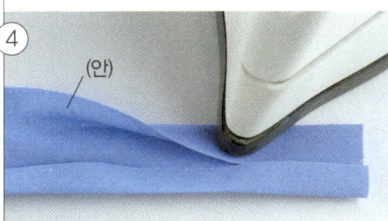

④ 반대쪽 가장자리도 접음선에서 0.1cm 떨어지도록 접은 뒤에 다립니다.

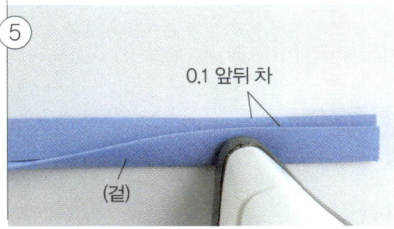

⑤ ②의 접음선을 살짝 다시 접습니다.

바인딩 처리하는 법

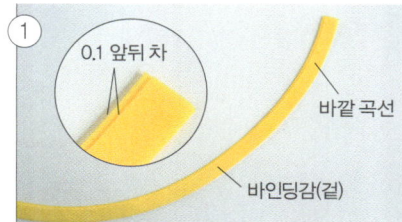

① 바인딩감을 4겹으로 접은 그대로 구부립니다. (62쪽 참조)

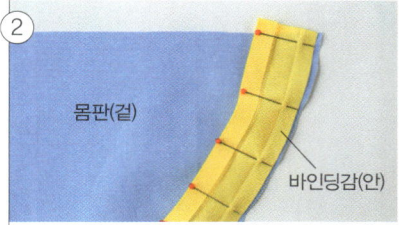

② 바인딩감의 폭이 좁은 쪽을 펴서, 편 가장자리와 몸판 가장자리를 겉끼리 맞대고 시침핀으로 고정합니다.

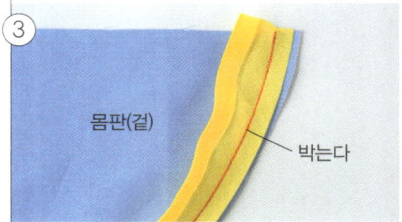

③ 바인딩감의 접음선 위를 박습니다.

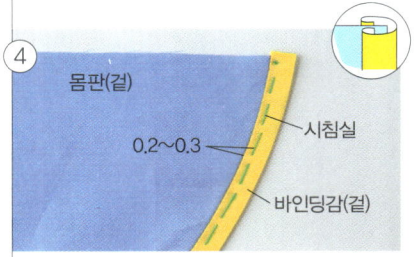

④ 바인딩감으로 천 가장자리를 싼 뒤에 시침실로 듬성듬성 꿰맵니다.

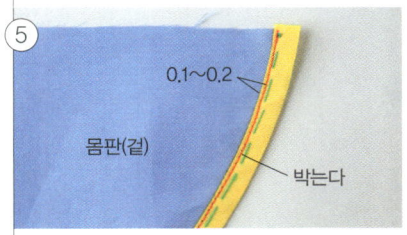

⑤ 바인딩감의 가장자리를 박고 시침실을 빼냅니다.

치수에 대해

작품은 프리 사이즈인 것과 일부 M·L 2가지 치수인 것이 있습니다. 어깨끈이나 허리끈이 있는 앞치마는 길이나 단추 다는 위치를 수정하여 어느 정도 치수를 조절할 수 있습니다.
이 책에서는 만드는 법 페이지에 실물 크기 옷본 제도를 실었으니 완성 치수에 참고하세요.

참고 치수(신체치수)

부위 \ 치수	M	L	
가슴둘레	82	88	
허리둘레	66	70	
엉덩이둘레	90	94	
키	158	163	(단위 ㎝)

제도 기호

———	완성선 (굵은 지시선)	←→	식서 방향 (화살표 방향이 천의 세로 방향을 가리킨다)
———	안내선 (가는 지시선)	⌒⌒	등분선 (같은 치수를 나타내는 기호를 붙이기도 한다)
——→	안내선 (선을 연장한다)	● ○ × △	옷본끼리 같은 치수로 맞추라는 표시
— —	골선, 접음선	● ※ ★ etc.	(모양에 제한은 없다)
– · – · –	안단선	○	단추
⌐	직각 표시		
///	심지 표시		주름 잡는 법을 표시한다 (빗금의 높은 쪽에서 낮은 쪽으로 옷감을 접는다)

옷감을 마름질하는 법

이 책의 실물 크기 옷본에는 시접이 포함되지 않았습니다. 만드는 법 페이지의 '옷감을 마름질하는 법'에 적힌 시접 치수를 더한 옷본을 만들어서 옷감을 마름질합니다.

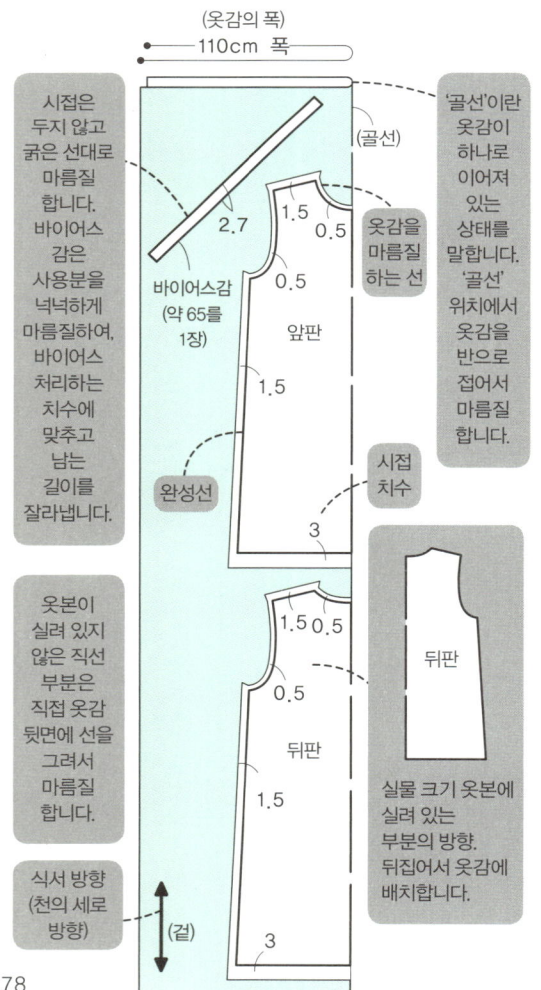

시접은 두지 않고 굵은 선대로 마름질합니다. 바이어스 감은 사용분을 넉넉하게 마름질하여, 바이어스 처리하는 치수에 맞추고 남는 길이를 잘라냅니다.

옷본이 실려 있지 않은 직선 부분은 직접 옷감 뒷면에 선을 그려서 마름질합니다.

식서 방향 (천의 세로 방향)

(옷감의 폭)
110cm 폭

(골선)

'골선'이란 옷감이 하나로 이어져 있는 상태를 말합니다. '골선' 위치에서 옷감을 반으로 접어서 마름질합니다.

옷감을 마름질하는 선

2.7
바이어스감 (약 65를 1장)
완성선
1.5 0.5
앞판
0.5
1.5
3
시접 치수

1.5 0.5
뒤판
0.5
뒤판
1.5
3

실물 크기 옷본에 실려 있는 부분의 방향. 뒤집어서 옷감에 배치합니다.

(겉)

표시하는 법

2장을 한꺼번에 마름질할 때

옷감 사이(안쪽 면)에 양면 초크 페이퍼를 끼우고 소프트 룰렛으로 완성선을 따라 그립니다. 맞춤 표시나 주머니 다는 위치 등도 잊지 말고 표시합니다.

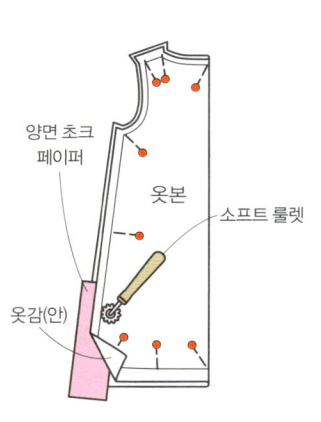

양면 초크 페이퍼

옷본

소프트 룰렛

옷감(안)

1장으로 마름질할 때

옷감 안쪽 면과 단면 초크 페이퍼의 색이 묻은 면을 맞대고 소프트 룰렛으로 완성선을 따라 그립니다.

재봉틀로 박기

박기 시작할 때와 마칠 때는 솔기가 풀리지 않도록 되박음질을 합니다. 되박음질은 같은 솔기 위를 2~3번 겹쳐서 박습니다.

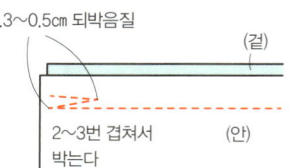

0.3~0.5㎝ 되박음질
(겉)
2~3번 겹쳐서 박는다
(안)

접착심지 붙이는 법

다리미는 옆으로 밀지 말고 절반씩 겹치면서 틈이 생기지 않도록 조금씩 움직이며 누르듯이 다려 줍니다.

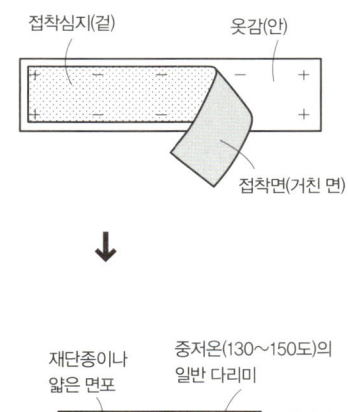

접착심지(겉)
옷감(안)
접착면(거친 면)

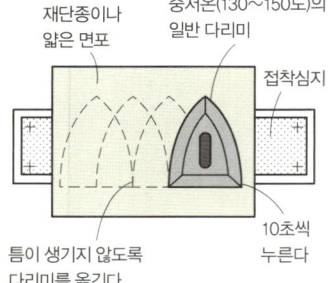

재단종이나 얇은 면포
중저온(130~150도)의 일반 다리미
접착심지
틈이 생기지 않도록 다리미를 옮긴다
10초씩 누른다

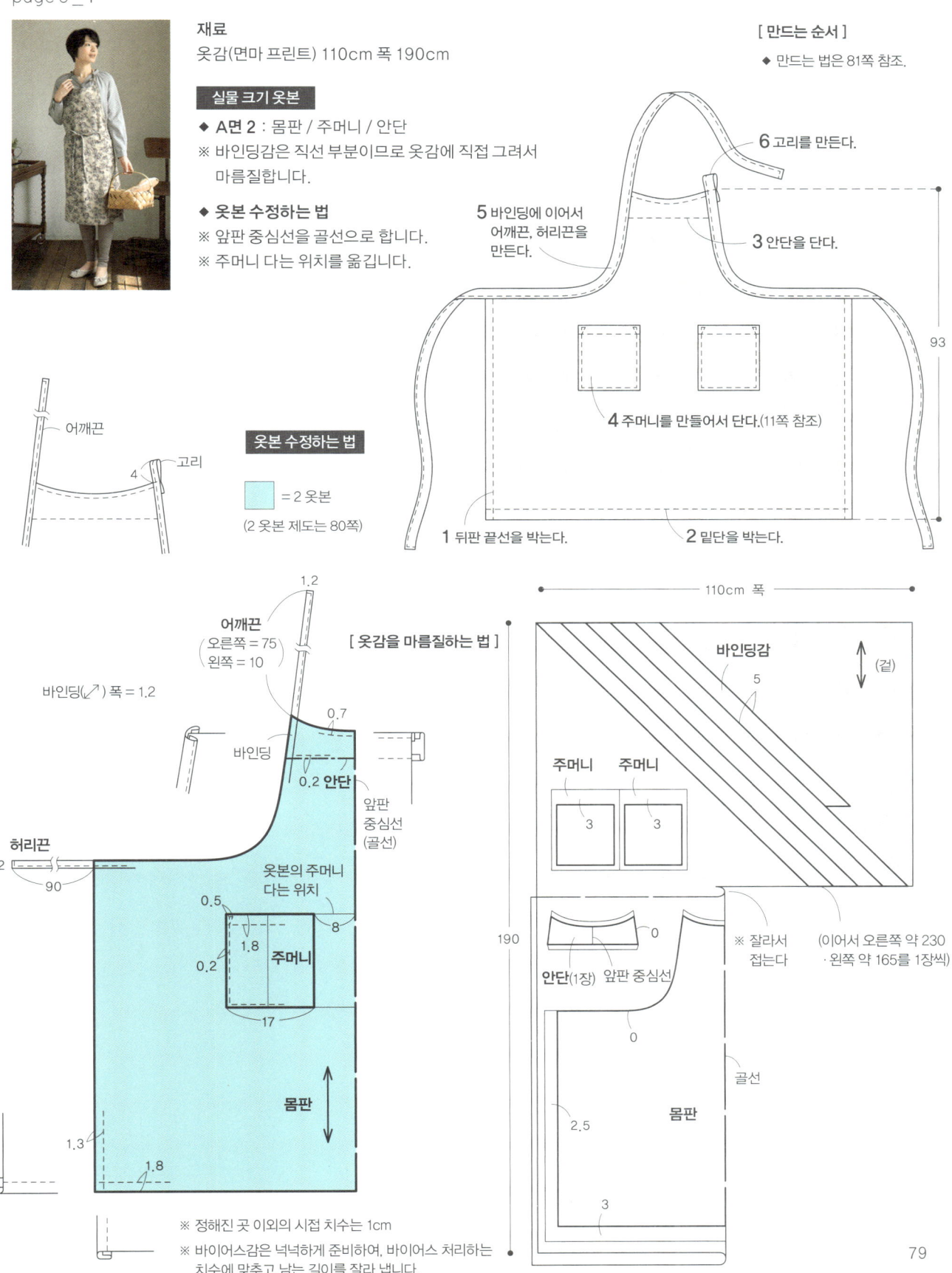

재료

옷감(면마 프린트) 110cm 폭 190cm

실물 크기 옷본

◆ A면 2 : 몸판 / 주머니 / 안단

※ 바인딩감은 직선 부분이므로 옷감에 직접 그려서
  마름질합니다.

◆ **옷본 수정하는 법**

※ 앞판 중심선을 골선으로 합니다.

※ 주머니 다는 위치를 옮깁니다.

[만드는 순서]

◆ 만드는 법은 81쪽 참조.

6 고리를 만든다.

5 바인딩에 이어서
어깨끈, 허리끈을
만든다.

3 안단을 단다.

93

4 주머니를 만들어서 단다.(11쪽 참조)

1 뒤판 끝선을 박는다.

2 밑단을 박는다.

어깨끈

4 고리

옷본 수정하는 법

= 2 옷본

(2 옷본 제도는 80쪽)

1.2

어깨끈
오른쪽 = 75
왼쪽 = 10

바인딩(↗) 폭 = 1.2

0.7

바인딩

0.2 안단

앞판
중심선
(골선)

허리끈

1.2

90

옷본의 주머니
다는 위치

0.5

1.8 주머니

0.2

8

17

[옷감을 마름질하는 법]

110cm 폭

바인딩감

5

(겉)

주머니   **주머니**

3   3

190

안단(1장) 앞판 중심선

0

0

골선

2.5

3

몸판

몸판

1.3

1.8

※ 잘라서
접는다

(이어서 오른쪽 약 230
·왼쪽 약 165를 1장씩)

※ 정해진 곳 이외의 시접 치수는 1cm

※ 바이어스감은 넉넉하게 준비하여, 바이어스 처리하는
  치수에 맞추고 남는 길이를 잘라 냅니다.

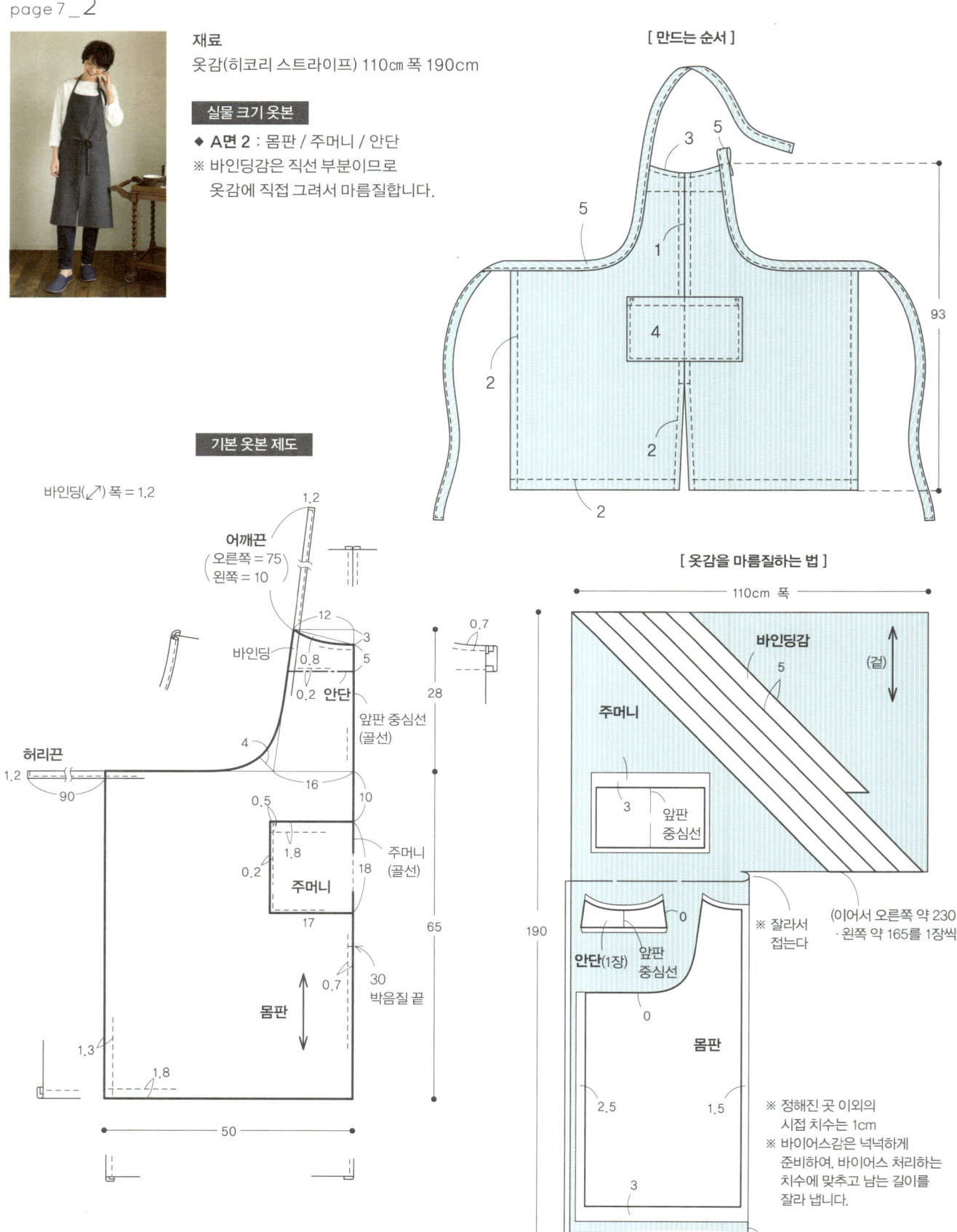

재료
옷감(히코리 스트라이프) 110㎝ 폭 190cm

실물 크기 옷본

◆ **A면 2** : 몸판 / 주머니 / 안단
※ 바인딩감은 직선 부분이므로
옷감에 직접 그려서 마름질합니다.

[만드는 순서]

기본 옷본 제도

바인딩(↗) 폭 = 1.2

어깨끈
(오른쪽 = 75
왼쪽 = 10)

1.2
12
3
바인딩
0.8   5
0.2   **안단**

허리끈
1.2
90
4
16
10

앞판 중심선
(골선)

28

0.7

주머니
(골선)

0.5
1.8
0.2
주머니
18
17

65

30
박음질 끝
0.7

몸판

1.3
1.8

50

[옷감을 마름질하는 법]

110cm 폭

바인딩감
5
(겉)

주머니
3
앞판
중심선

※ 잘라서
접는다

(이어서 오른쪽 약 230
· 왼쪽 약 165를 1장씩)

190

안단(1장)
앞판
중심선
0
0

몸판

2.5   1.5

3

(겉)

※ 정해진 곳 이외의
시접 치수는 1cm
※ 바이어스감은 넉넉하게
준비하여, 바이어스 처리하는
치수에 맞추고 남는 길이를
잘라 냅니다.

만드는 법 ◆ 준비 작업　마름질하여 가장자리를 지그재그로 박는다. (앞판 중심선, 주머니)

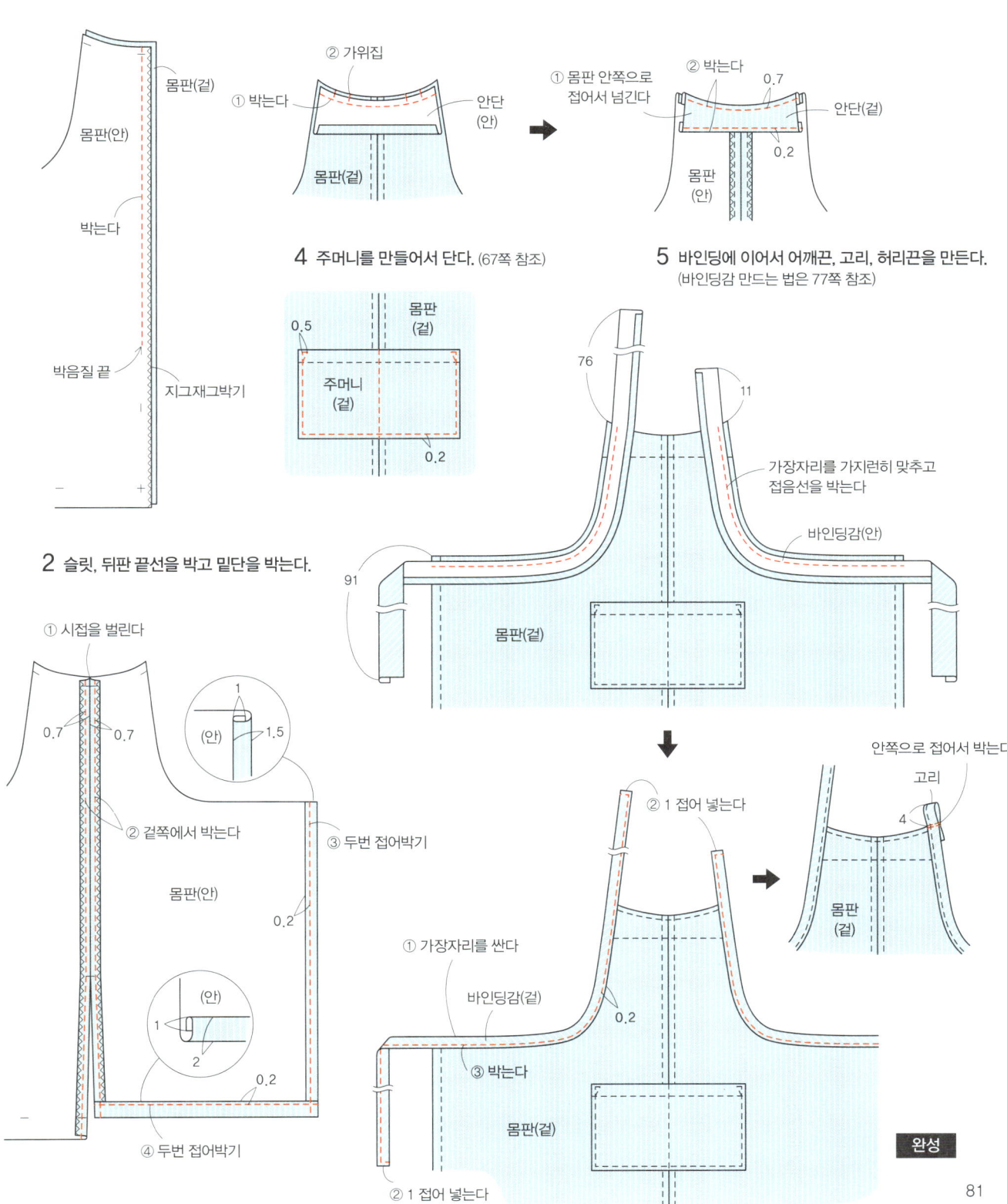

1 앞판 중심선을 박는다.

몸판(겉)
몸판(안)
박는다
박음질 끝
지그재그박기
－　＋

3 안단을 단다.

② 가위집
① 박는다
안단(안)
몸판(겉)

① 몸판 안쪽으로 접어서 넘긴다
② 박는다
0.7
0.2
안단(겉)
몸판(안)

4 주머니를 만들어서 단다. (67쪽 참조)

몸판(겉)
0.5
주머니(겉)
0.2

5 바인딩에 이어서 어깨끈, 고리, 허리끈을 만든다.
(바인딩감 만드는 법은 77쪽 참조)

76
11
가장자리를 가지런히 맞추고 접음선을 박는다
바인딩감(안)
91
몸판(겉)

2 슬릿, 뒤판 끝선을 박고 밑단을 박는다.

① 시접을 벌린다
0.7　0.7
(안)
1
1.5
② 겉쪽에서 박는다
③ 두번 접어박기
몸판(안)
0.2
(안)
1
2
0.2
④ 두번 접어박기

② 1 접어 넣는다
① 가장자리를 싼다
바인딩감(겉)
0.2
③ 박는다
몸판(겉)
② 1 접어 넣는다

안쪽으로 접어서 박는다
고리
4
몸판(겉)

완성

81

재료

옷감(리넨 선염 체크) 120cm 폭 M 270cm / L 280cm

능직 테이프 20mm 폭 M 170cm / L 175cm

실물 크기 옷본

◆ A면 8 : 앞·뒤판 / 주머니

※ 실물 크기 옷본을 옮겨 그릴 때는 앞판과 뒤판을 따로 그립니다.

※ 앞·뒤판 옷본은 2장으로 나뉘어 있으므로 옷본 2장을 맞대고 옮겨
그려서 옷본 1장으로 만듭니다.

※ 바이어스감은 직선 부분이므로 옷감에 직접 그려서 마름질합니다.

[옷감을 마름질하는 법]

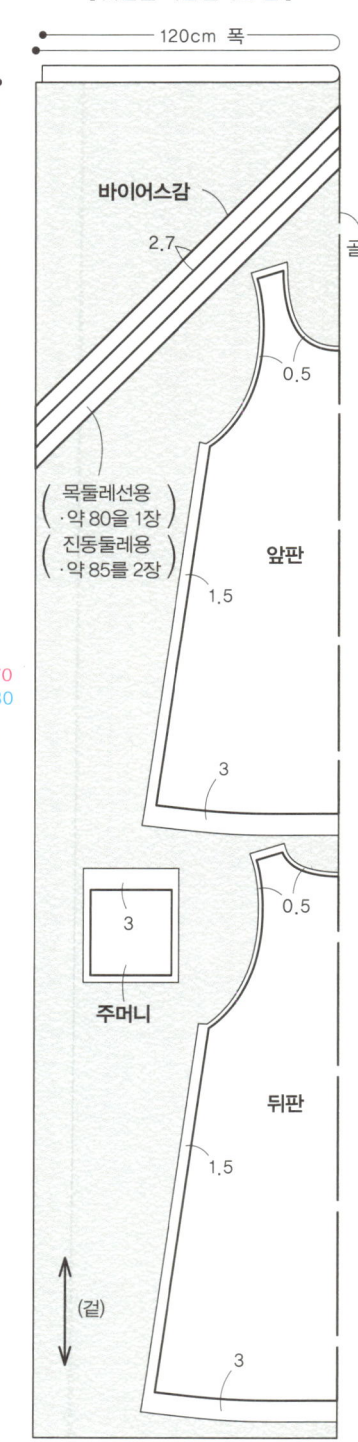

기본 옷본 제도

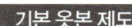

2단으로 적힌 숫자는
M, L 치수이고
하나만 있는 숫자는
공통

끈 길이(능직 테이프) = 170 174

※ 정해진 곳 이외의 시접 치수는 1cm

※ 바이어스감은 넉넉하게 준비하여, 바이어스 처리하는
치수에 맞추고 남는 길이를 잘라 냅니다.

[만드는 순서]

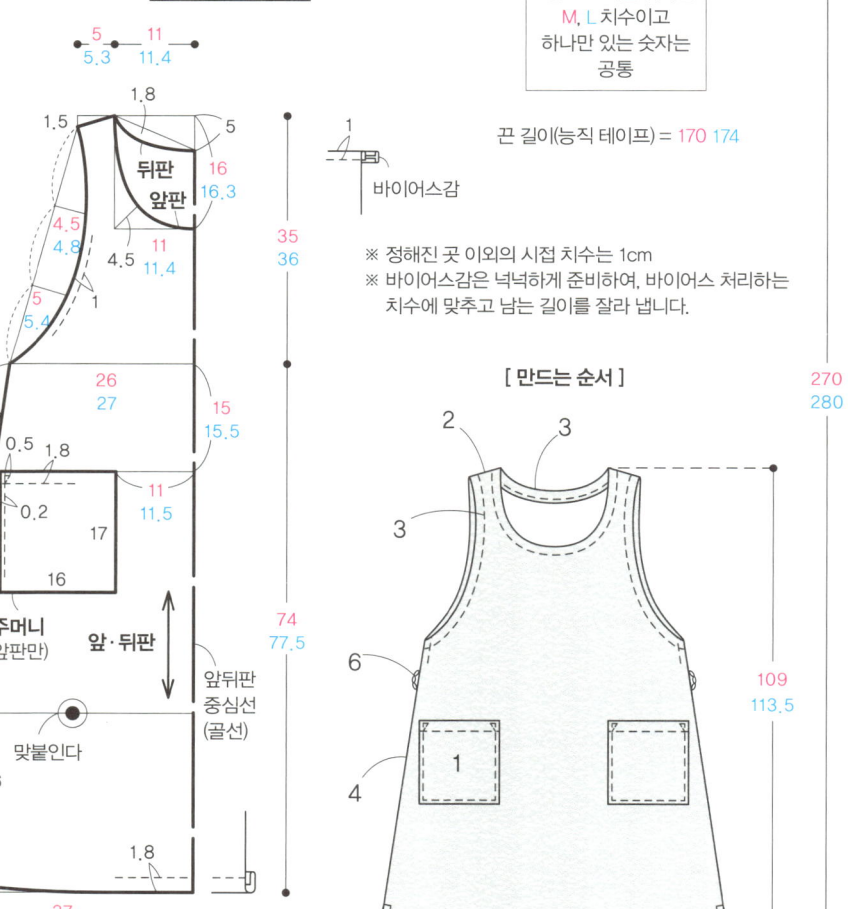

만드는 법 ◆ 준비 작업　마름질하여 가장자리를 지그재그로 박는다. (어깨선, 주머니)

1 주머니를 만들어서 단다. (11쪽 참조)

앞판(겉)
주머니
(겉)

2 어깨선을 박는다.

① 박는다
② 시접을 벌린다
뒤판(겉)
1.5 정도
나오게 한다
앞판(안)

3 목둘레선, 진동둘레를 박는다. (바이어스감 만드는 법은 76쪽 참조)

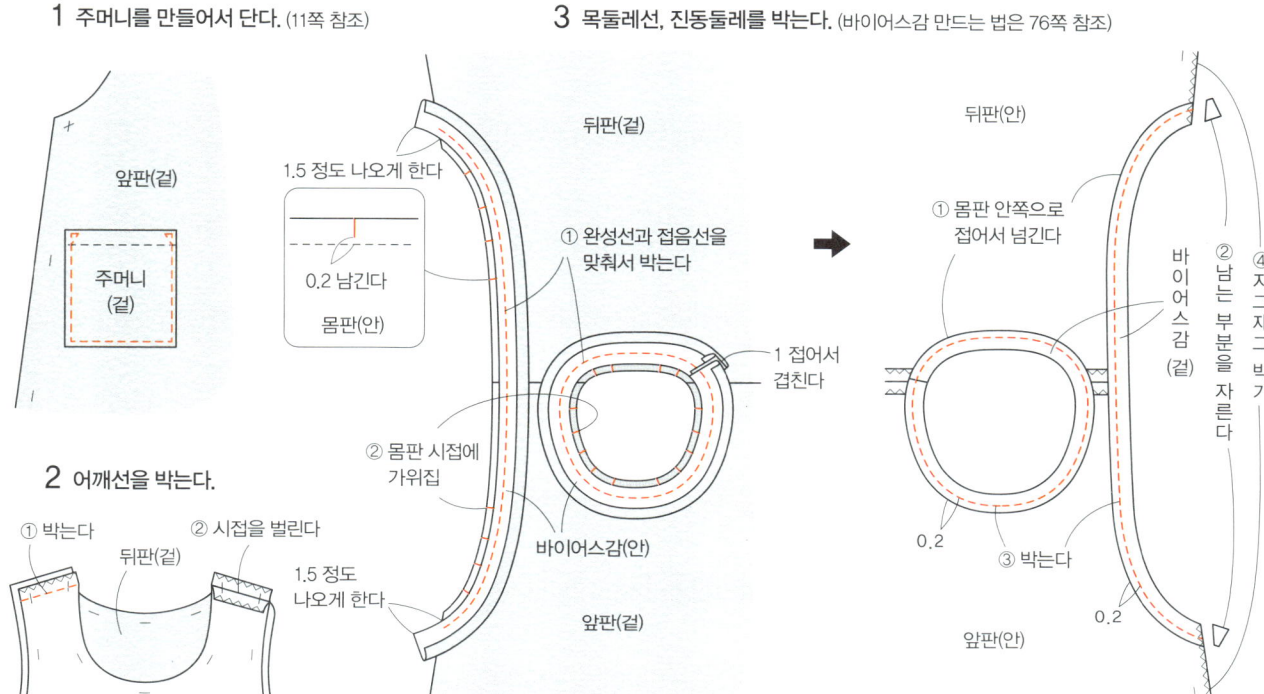

1.5 정도 나오게 한다
0.2 남긴다
몸판(안)
뒤판(겉)
① 완성선과 접음선을
맞춰서 박는다
1 접어서
겹친다
② 몸판 시접에
가위집
바이어스감(안)
앞판(겉)
뒤판(안)
① 몸판 안쪽으로
접어서 넘긴다
바이어스감
(겉)
② 남는 부분을 자른다
④ 지그재그 박기
0.2
③ 박는다
0.2
앞판(안)

4 밑단을 박고 옆선을 박는다.

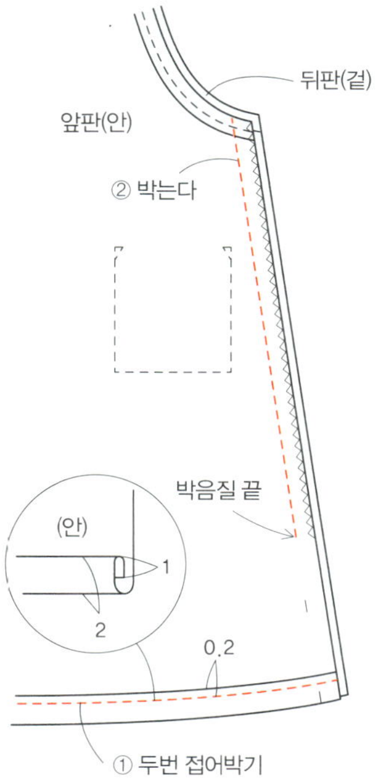

뒤판(겉)
앞판(안)
② 박는다
박음질 끝
(안)
1
2
0.2
① 두번 접어박기

5 슬릿을 박는다.

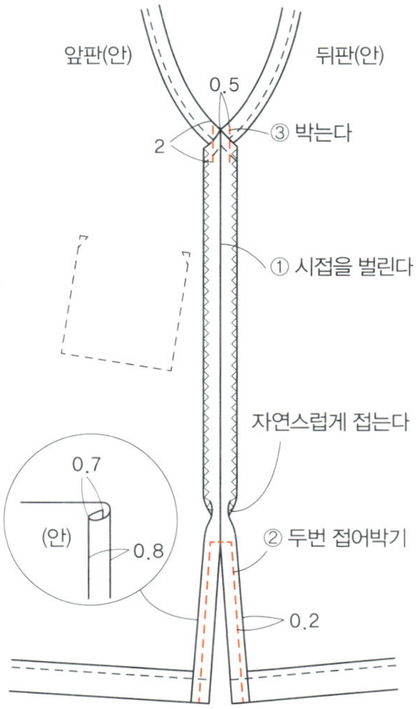

앞판(안)
뒤판(안)
0.5
2
③ 박는다
① 시접을 벌린다
자연스럽게 접는다
0.7
(안)
0.8
② 두번 접어박기
0.2

6 실루프를 만든다.

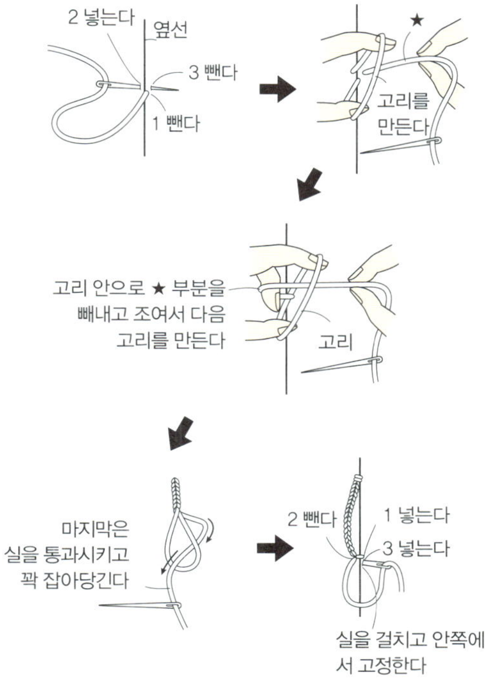

2 넣는다
옆선
3 뺀다
1 뺀다
★
고리를
만든다
고리 안으로 ★ 부분을
빼내고 조여서 다음
고리를 만든다
고리
마지막은
실을 통과시키고
꽉 잡아당긴다
2 뺀다
1 넣는다
3 넣는다
실을 걸치고 안쪽에
서 고정한다

완성

page 20 _ 9　　page 21 _ 10

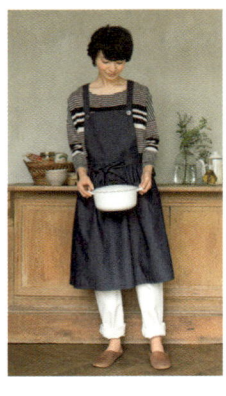

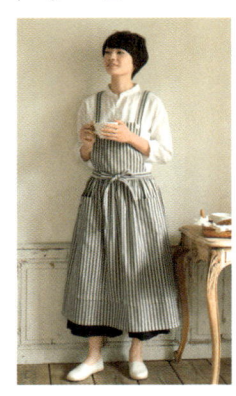

재료

9 옷감(데님) 112cm 폭 200cm

10 옷감(면 줄무늬) 110cm 폭 230cm

단추 A(가슴바대용) 지름 22mm 2개

단추 B(어깨끈용) 지름 15mm 2개

실물 크기 옷본

◆ **A면 10** : 가슴바대

※ 가슴바대 이외에는 직선 부분이므로 옷감에 직접 그려서 마름질합니다.

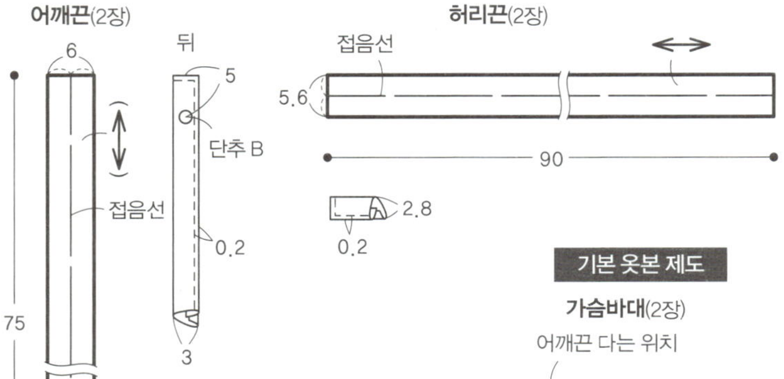

어깨끈(2장)
6
뒤
5
단추 B
접음선
0.2
75
3
허리끈(2장)
접음선
5.6
90
2.8
0.2

기본 옷본 제도

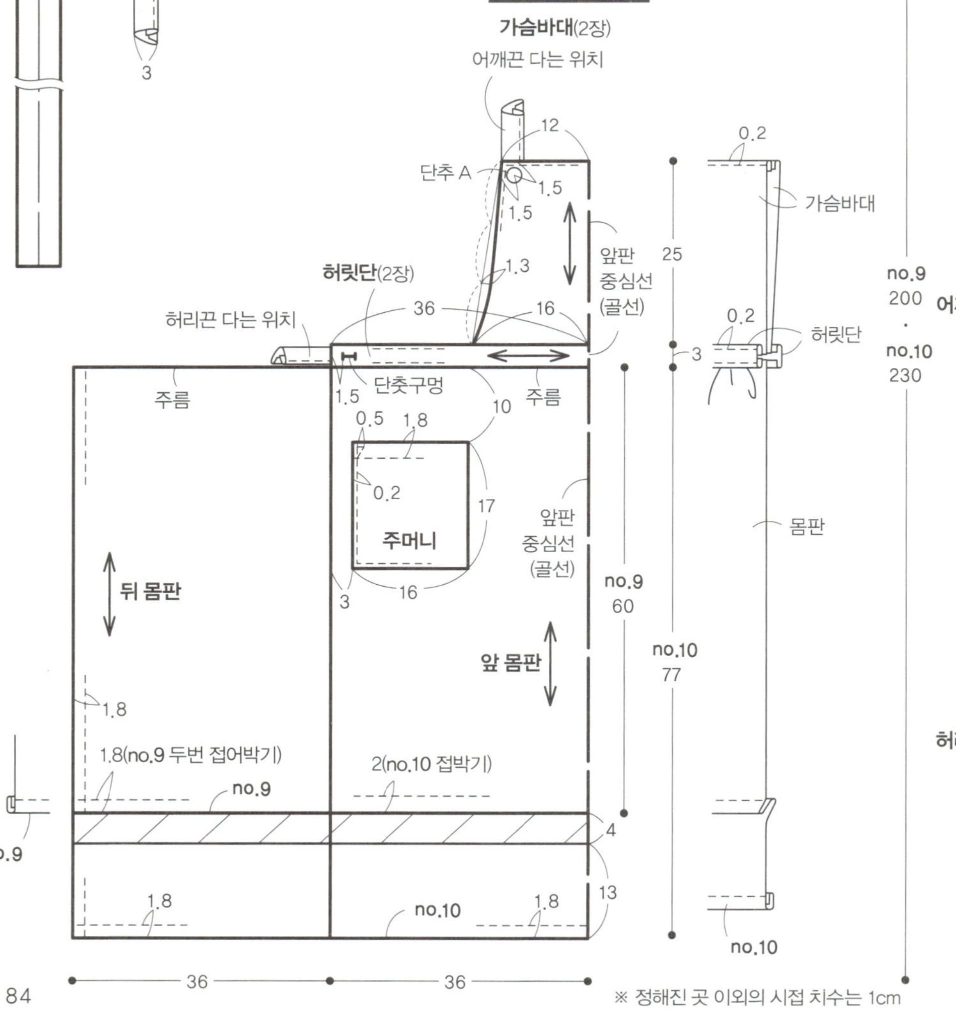

가슴바대(2장)
어깨끈 다는 위치
12
단추 A
1.5
1.5
1.3
앞판 중심선 (골선)
25
허릿단(2장)
36
16
허리끈 다는 위치
단춧구멍
1.5
주름
10
주름
0.5
1.8
0.2
17
주머니
앞판 중심선 (골선)
3
16
뒤 몸판
no.9 60
no.10 77
앞 몸판
1.8
1.8(no.9 두번 접어박기)
2(no.10 접박기)
no.9
no.9
4
13
1.8
no.10
1.8
36
36
0.2
가슴바대
0.2
3
허릿단
몸판
no.10

[옷감을 마름질하는 법]
(공통)

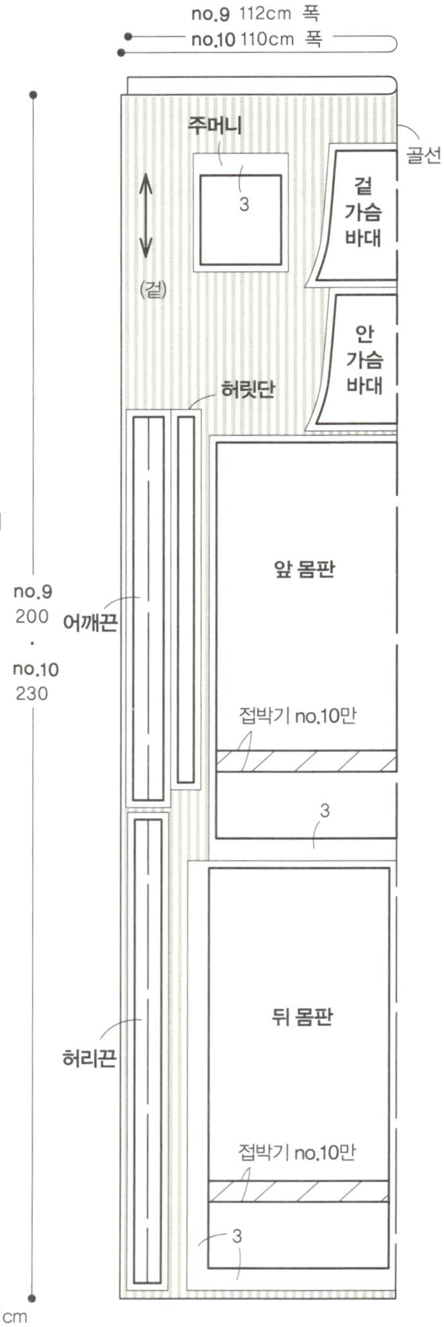

no.9 112cm 폭
no.10 110cm 폭
골선
주머니
3
(겉)
겉 가슴 바대
안 가슴 바대
허릿단
no.9 200 · no.10 230
어깨끈
앞 몸판
접박기 no.10만
3
뒤 몸판
허리끈
접박기 no.10만
3

※ 정해진 곳 이외의 시접 치수는 1cm

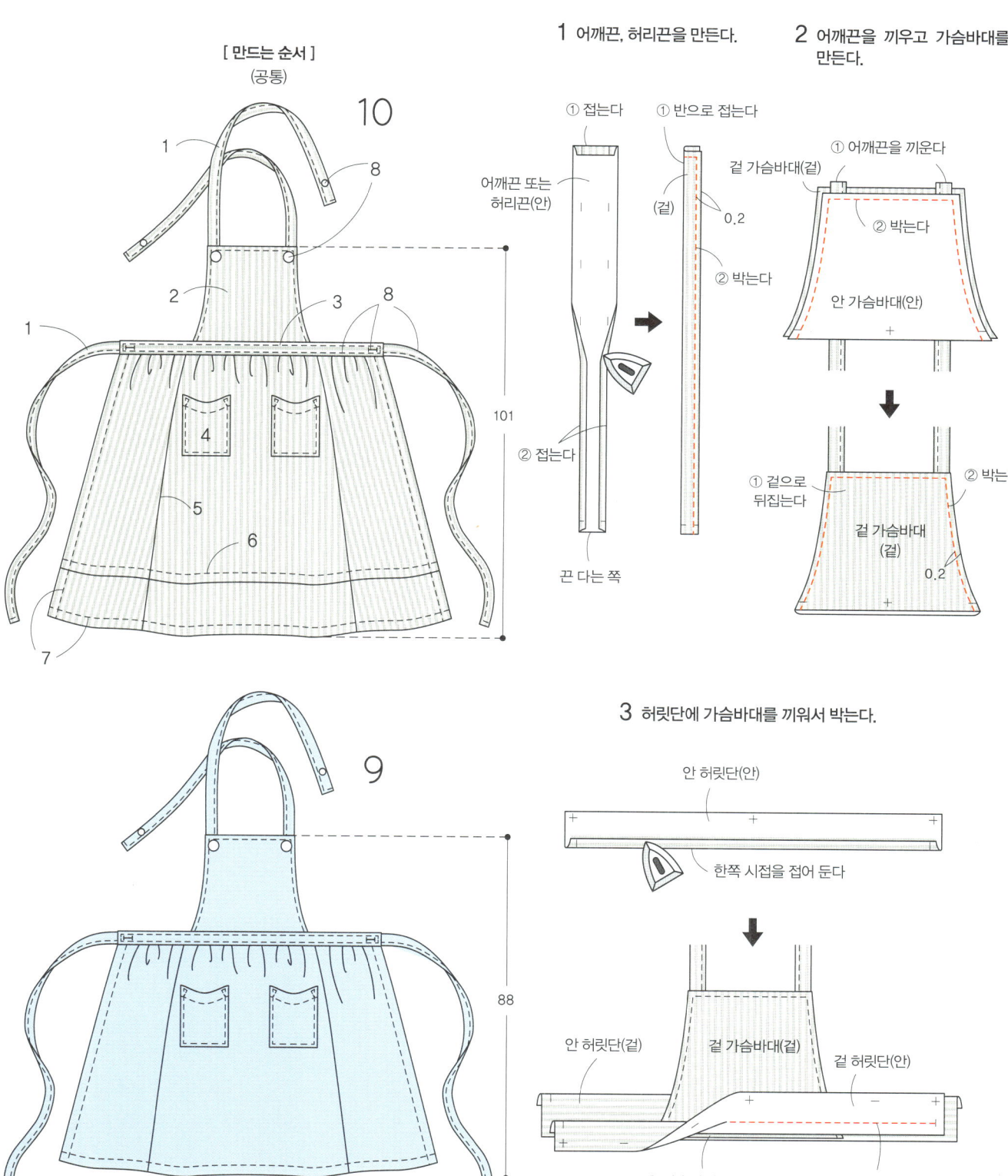

[만드는 순서]
(공통)

10

1
8
2
3
8
1
4
5
6
7

101

9

88

1 어깨끈, 허리끈을 만든다.

① 접는다
① 반으로 접는다

어깨끈 또는
허리끈(안)

(겉)

0.2

② 박는다

② 접는다

끈 다는 쪽

2 어깨끈을 끼우고 가슴바대를
만든다.

① 어깨끈을 끼운다

겉 가슴바대(겉)

② 박는다

안 가슴바대(안)

① 겉으로
뒤집는다

② 박는다

겉 가슴바대
(겉)

0.2

3 허릿단에 가슴바대를 끼워서 박는다.

안 허릿단(안)

한쪽 시접을 접어 둔다

안 허릿단(겉)

겉 가슴바대(겉)

겉 허릿단(안)

① 가슴바대를 끼운다

② 표시까지 박는다

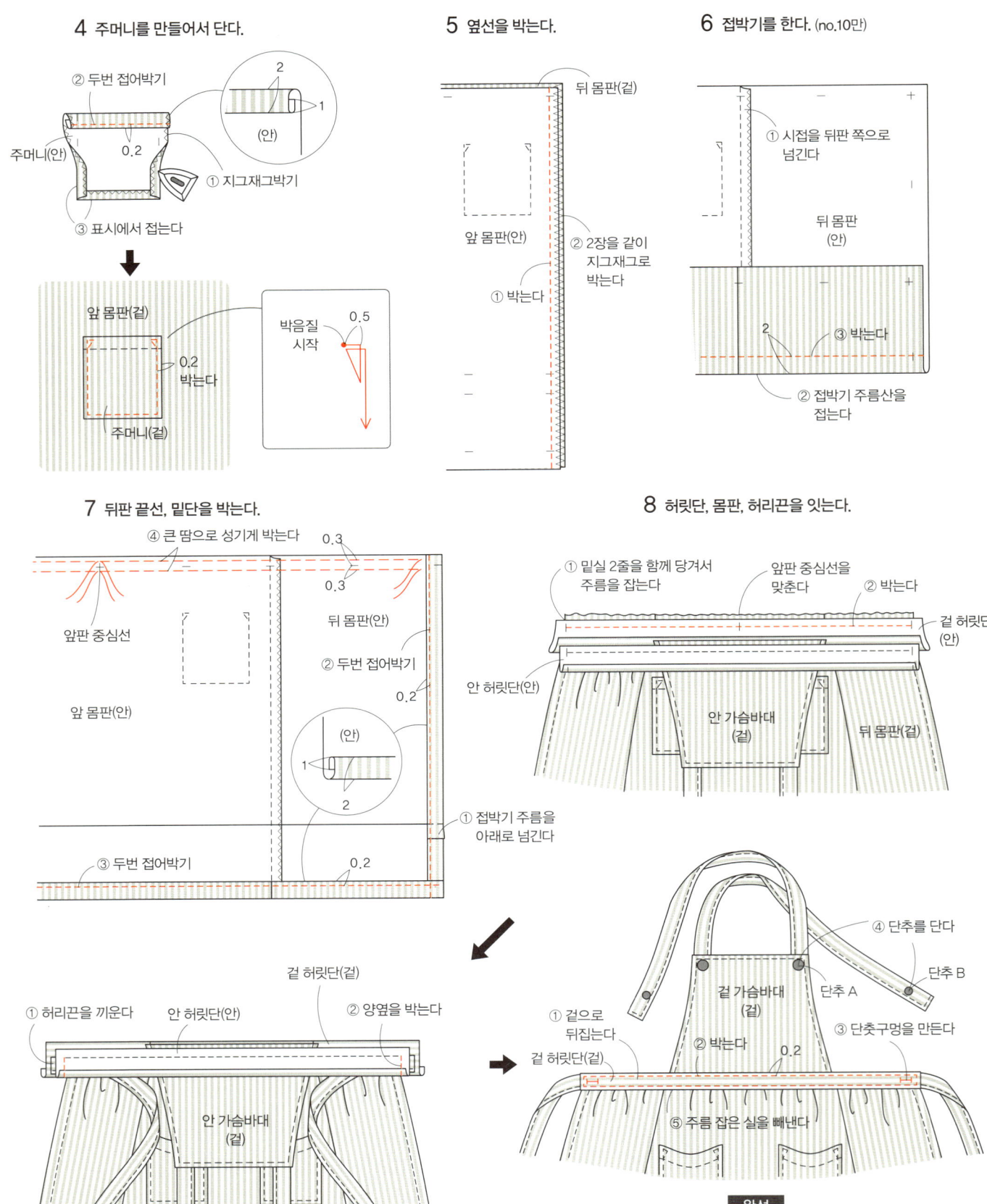

4 주머니를 만들어서 단다.

② 두번 접어박기

2
1
(안)

주머니(안)

0.2

① 지그재그박기

③ 표시에서 접는다

앞 몸판(겉)

0.2
박는다

주머니(겉)

박음질
시작

0.5

5 옆선을 박는다.

뒤 몸판(겉)

앞 몸판(안)

② 2장을 같이
지그재그로
박는다

① 박는다

6 접박기를 한다. (no.10만)

① 시접을 뒤판 쪽으로
넘긴다

뒤 몸판
(안)

2
③ 박는다

② 접박기 주름산을
접는다

7 뒤판 끝선, 밑단을 박는다.

④ 큰 땀으로 성기게 박는다

0.3

0.3

앞판 중심선

앞 몸판(안)

뒤 몸판(안)

② 두번 접어박기

0.2

(안)

1

2

① 접박기 주름을
아래로 넘긴다

③ 두번 접어박기

0.2

① 허리끈을 끼운다

안 허릿단(안)

겉 허릿단(겉)

② 양옆을 박는다

안 가슴바대
(겉)

8 허릿단, 몸판, 허리끈을 잇는다.

① 밑실 2줄을 함께 당겨서
주름을 잡는다

앞판 중심선을
맞춘다

② 박는다

겉 허릿단
(안)

안 허릿단(안)

안 가슴바대
(겉)

뒤 몸판(겉)

④ 단추를 단다

단추 B

겉 가슴바대
(겉)

단추 A

① 겉으로
뒤집는다

③ 단춧구멍을 만든다

겉 허릿단(겉)

② 박는다

0.2

⑤ 주름 잡은 실을 빼낸다

완성

86

재료
옷감(면 옥스퍼드) 110cm 폭 100cm
배색감(면 트윌) 112cm 폭 20cm
접은 바이어스테이프 12.7mm 폭 110cm

실물 크기 옷본

◆ A면 3·4 : 몸판 / 주머니 / 안단 / 어깨끈

= 4 옷본
(4 옷본 제도는 10쪽)

어깨끈
(배색감·2장)

앞

접음선

뒤

0.2

[만드는 순서]

2 어깨끈을 만든다.

3 어깨끈을 끼우고 가슴선, 진동둘레를 박는다.

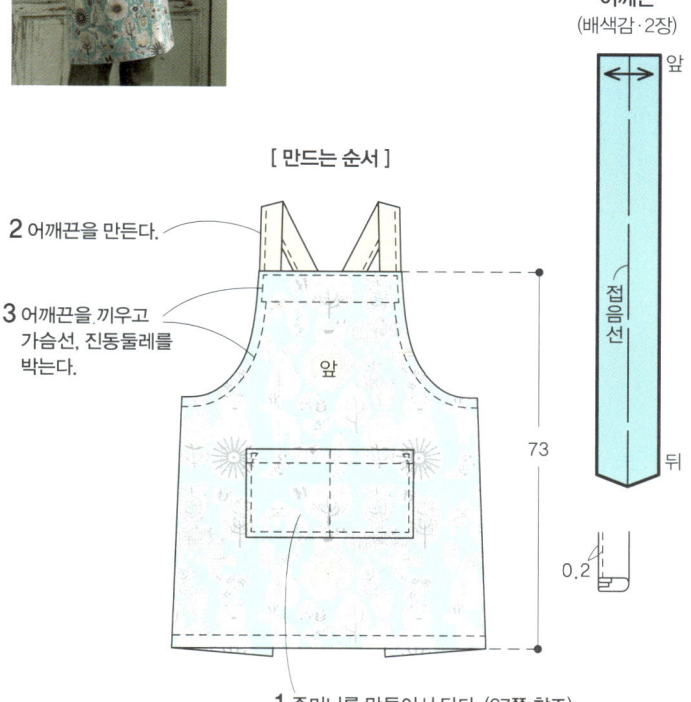

앞

73

1 주머니를 만들어서 단다. (67쪽 참조)

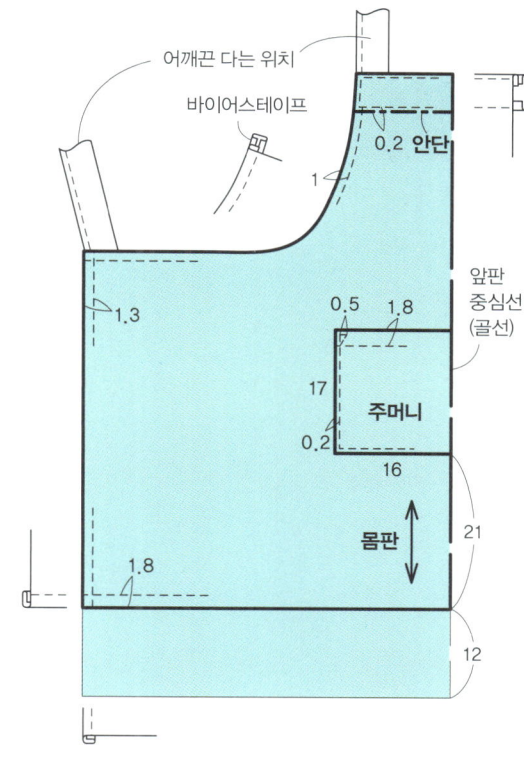

어깨끈 다는 위치
바이어스테이프

0.2 안단
1

앞판 중심선
(골선)

1.3

0.5 1.8

17 주머니

0.2

16

몸판

21

1.8

12

뒤

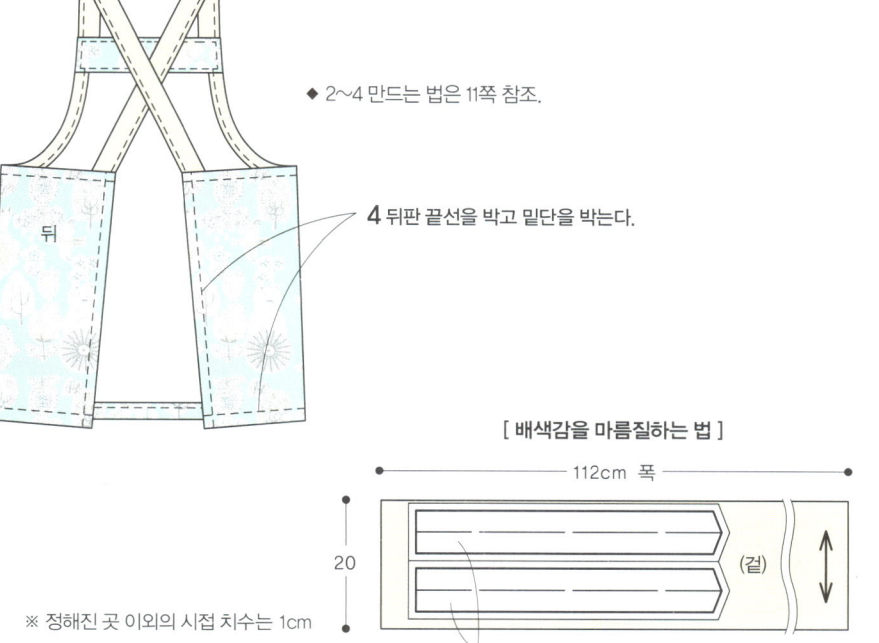

◆ 2~4 만드는 법은 11쪽 참조.

4 뒤판 끝선을 박고 밑단을 박는다.

[옷감을 마름질하는 법]

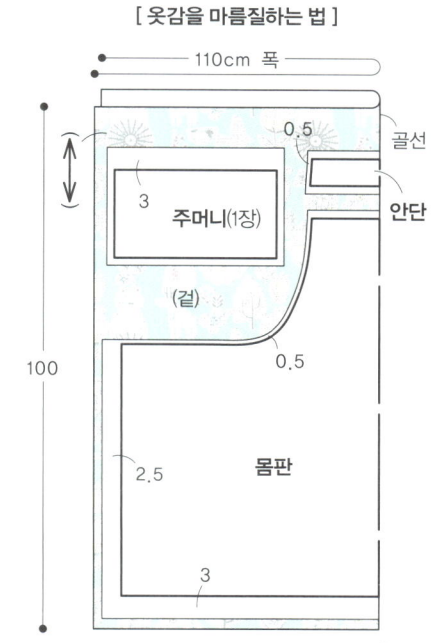

110cm 폭

0.5 골선

3 주머니(1장)

안단

(겉)

0.5

100

2.5 몸판

3

[배색감을 마름질하는 법]

112cm 폭

20

(겉)

어깨끈

※ 정해진 곳 이외의 시접 치수는 1cm

재료

옷감(면) 110cm 폭 M 220cm / L 230cm
납작 고무줄 30mm 폭 M 40cm / L 45cm

※ 이 작품은 실물 크기 옷본이 실려 있지 않으므로 종이에
  먼저 제도하거나 옷감에 직접 그려서 마름질합니다.

2단으로 적힌 숫자는
M, L 치수이고
하나만 있는 숫자는
공통

[만드는 순서]

4
1
5
7
6
2
3
6

91
95.5

[옷감을 마름질하는 법]

110cm 폭

(겉)

골선
3
주머니

앞옆판

4.5
앞
가운데판
1.5
1.5
3

220
230

뒤옆판

4.5
뒤
가운데판
1.5
1.5
3
3

[제도]

19
21

4
4.2

뒤가운데판

앞옆판 ·
뒤옆판
1
1

29
30.5

뒤가운데판선

16
17.5

박음질 끝

1.8
3
17
주머니
0.2
16
(앞판에만)

62
65

22.5
23.5

1.8

16
17.5

전체에 20 cm 납작 고무줄을 끼운다(시접분 3 포함)
       21.5

뒤판
3.3
앞판
3.3

앞가운데판선

앞가운데판 ·
뒤가운데판

1.8

18.5
20.5

뒤판
납작 고무줄
앞판

뒤판
87
91.5

앞판
76
80

※ 정해진 곳 이외의 시접 치수는 1cm

88

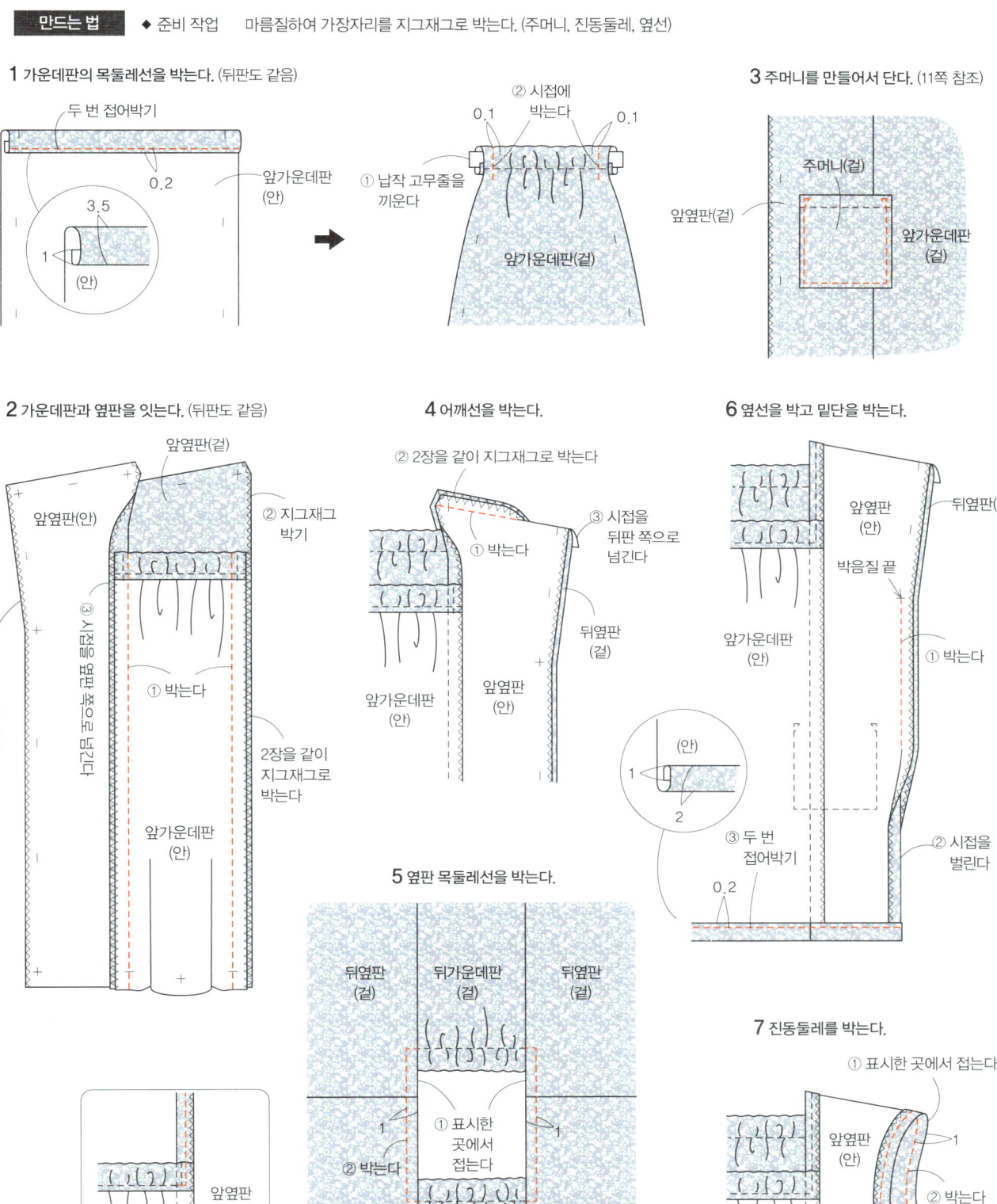

만드는 법 ◆ 준비 작업 마름질하여 가장자리를 지그재그로 박는다. (주머니, 진동둘레, 옆선)

1 가운데판의 목둘레선을 박는다. (뒤판도 같음)

두 번 접어박기
0.2
3.5
1
(안)
앞가운데판 (안)

② 시접에 박는다
0.1
0.1
① 납작 고무줄을 끼운다
앞가운데판(겉)

3 주머니를 만들어서 단다. (11쪽 참조)

주머니(겉)
앞옆판(겉)
앞가운데판 (겉)

2 가운데판과 옆판을 잇는다. (뒤판도 같음)

지그재그박기
앞옆판(겉)
앞옆판(안)
② 지그재그 박기
③ 시접을 옆판 쪽으로 넘긴다
① 박는다
2장을 같이 지그재그로 박는다
앞가운데판 (안)

앞옆판 (안)
앞가운데판 (안)

4 어깨선을 박는다.

② 2장을 같이 지그재그로 박는다
① 박는다
③ 시접을 뒤판 쪽으로 넘긴다
뒤옆판 (겉)
앞가운데판 (안)
앞옆판 (안)

5 옆판 목둘레선을 박는다.

뒤옆판 (겉)
뒤가운데판 (겉)
뒤옆판 (겉)
① 표시한 곳에서 접는다
② 박는다
1
1
앞옆판 (겉)
앞가운데판 (겉)
앞옆판 (겉)

6 옆선을 박고 밑단을 박는다.

앞옆판 (안)
뒤옆판(겉)
박음질 끝
앞가운데판 (안)
① 박는다
(안)
1
2
③ 두 번 접어박기
0.2
② 시접을 벌린다

7 진동둘레를 박는다.

① 표시한 곳에서 접는다
앞옆판 (안)
1
② 박는다

재료

17 옷감(빈티지 데님) 112cm 폭 M 340cm / L 350cm

18 옷감(리넨 물방울무늬) 110cm 폭 M 340cm / L 350cm

단추 지름 20mm 2개

실물 크기 옷본

◆ **A면 17** : 앞판 / 주머닛감 / 뒤판

　　　　　(뒤판은 A면 8의 뒤판 옷본 안에 있습니다)

※ 앞판 옷본은 2장으로 나뉘어 있으므로 옷본 2장을 맞대고
　 옮겨 그려서 옷본 1장으로 만듭니다.

※ 바이어스감, 천루프는 직선 부분이므로 옷감에 직접 그려서
　 마름질합니다.

[만드는 순서]

2단으로 적힌 숫자는
M, L 치수이고
하나만 있는 숫자는
공통

천루프(↗) 폭 = 0.3

☐ = 8 옷본

(8 뒤판 옷본 제도는 82쪽)

기본 옷본 제도

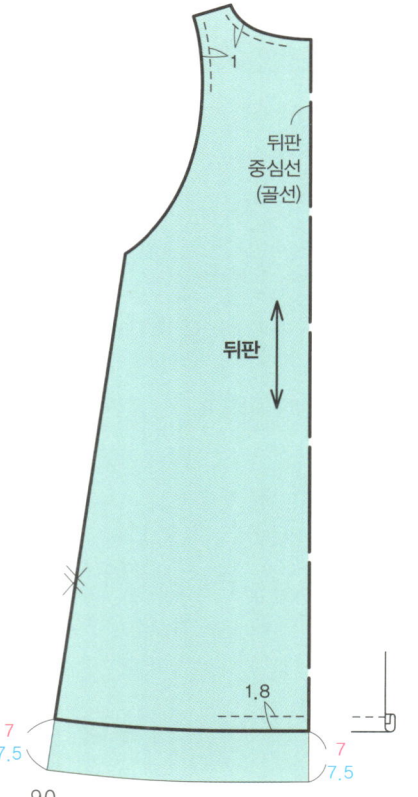

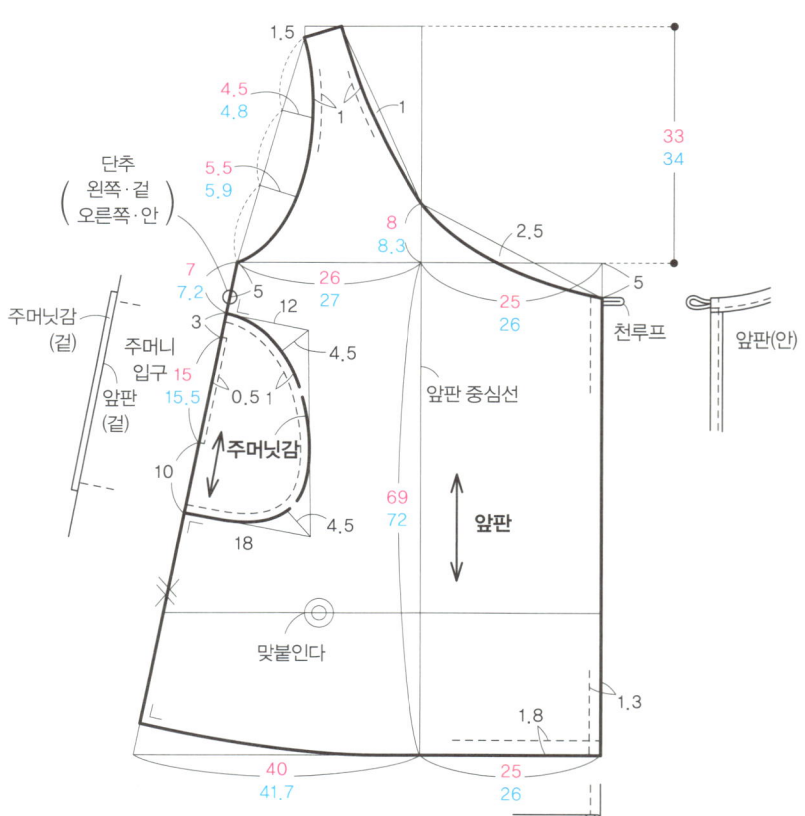

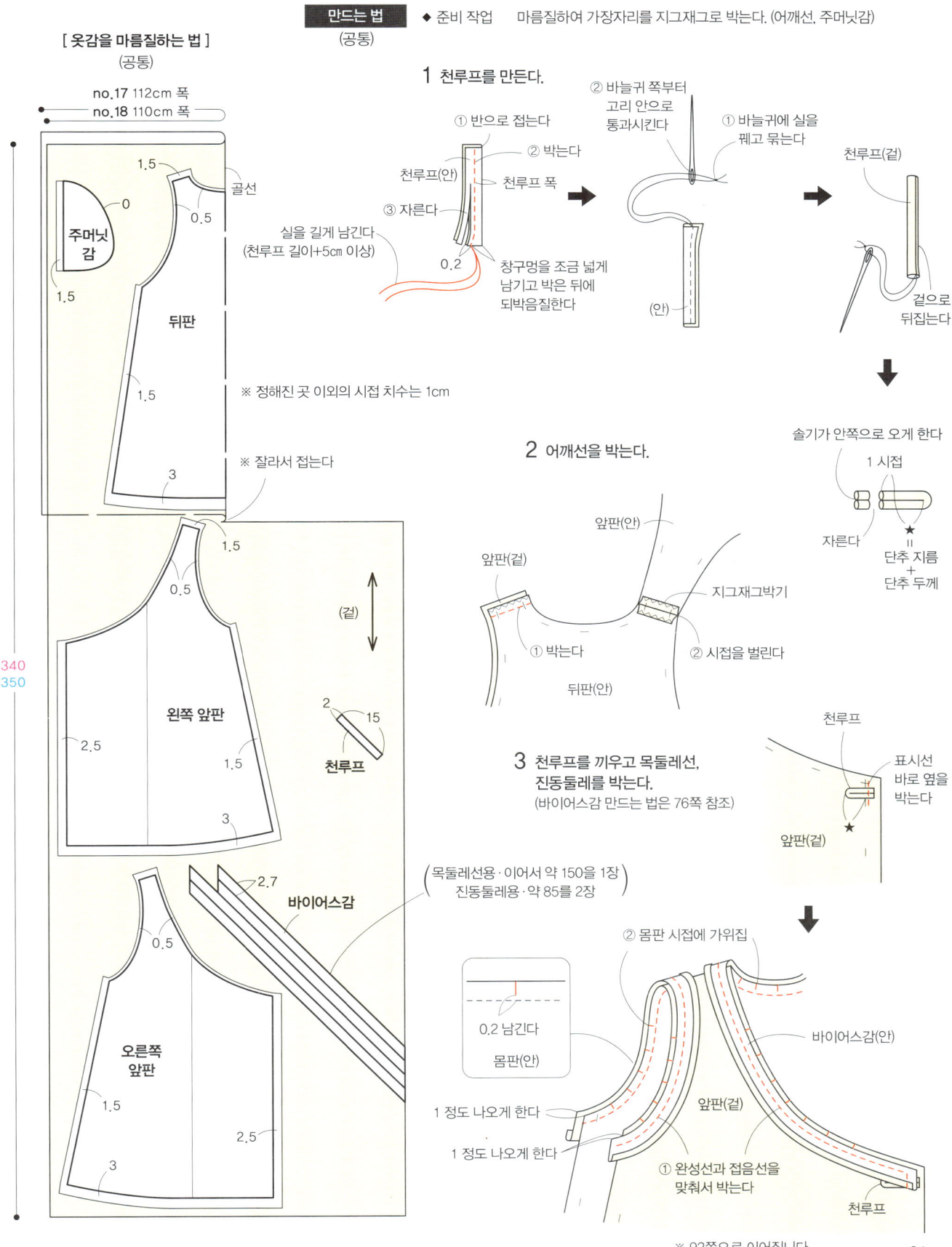

[옷감을 마름질하는 법]
(공통)

no.17 112cm 폭
no.18 110cm 폭

주머닛감

0

1.5

0.5

골선

1.5

뒤판

1.5

3

※ 잘라서 접는다

※ 정해진 곳 이외의 시접 치수는 1cm

340
350

왼쪽 앞판

1.5

0.5

2.5

1.5

3

(겉)

2
15
천루프

2.7
바이어스감

0.5

오른쪽
앞판

1.5

2.5

3

만드는 법 (공통)

◆ 준비 작업   마름질하여 가장자리를 지그재그로 박는다. (어깨선, 주머닛감)

1 천루프를 만든다.

① 반으로 접는다
② 박는다
③ 자른다

천루프(안)   천루프 폭

0.2

실을 길게 남긴다
(천루프 길이+5cm 이상)

창구멍을 조금 넓게
남기고 박은 뒤에
되박음질한다

② 바늘귀 쪽부터
고리 안으로
통과시킨다

① 바늘귀에 실을
꿰고 묶는다

(안)

천루프(겉)

겉으로
뒤집는다

솔기가 안쪽으로 오게 한다

1 시접

자른다

★
=
단추 지름
+
단추 두께

2 어깨선을 박는다.

앞판(겉)
앞판(안)
지그재그박기

① 박는다
② 시접을 벌린다

뒤판(안)

**3 천루프를 끼우고 목둘레선,
진동둘레를 박는다.**
(바이어스감 만드는 법은 76쪽 참조)

천루프

표시선
바로 옆을
박는다

앞판(겉)   ★

(목둘레선용 · 이어서 약 150을 1장)
(진동둘레용 · 약 85를 2장)

0.2 남긴다
몸판(안)

② 몸판 시접에 가위집

바이어스감(안)

1 정도 나오게 한다

1 정도 나오게 한다

앞판(겉)

① 완성선과 접음선을
맞춰서 박는다

천루프

※ 92쪽으로 이어집니다

※ 91쪽에서 이어집니다

4 앞판 끝선을 박는다.

5 뒤판 옆선에 주머닛감을 단다.

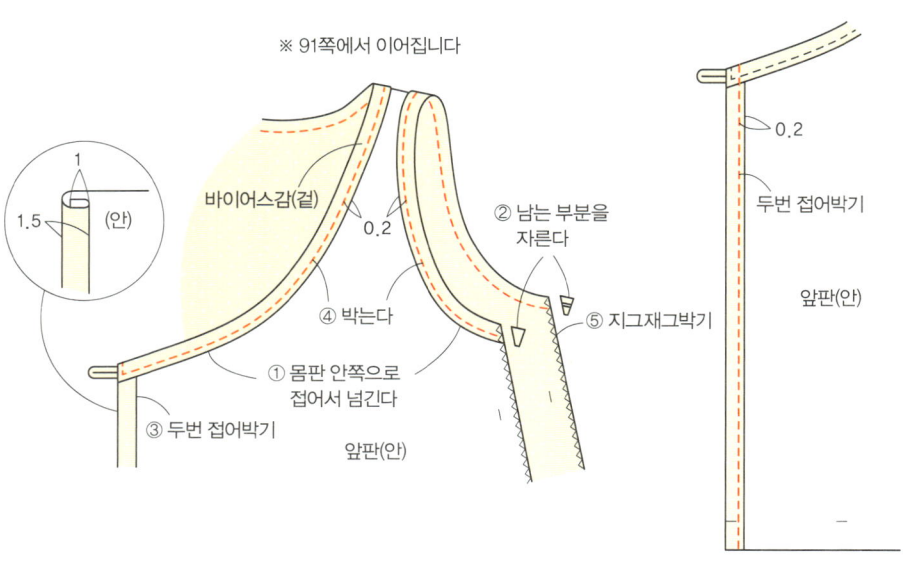

1
1.5 (안)

바이어스감(겉)
0.2
② 남는 부분을 자른다
④ 박는다
⑤ 지그재그박기
① 몸판 안쪽으로 접어서 넘긴다
③ 두번 접어박기
앞판(안)

0.2
두번 접어박기
앞판(안)

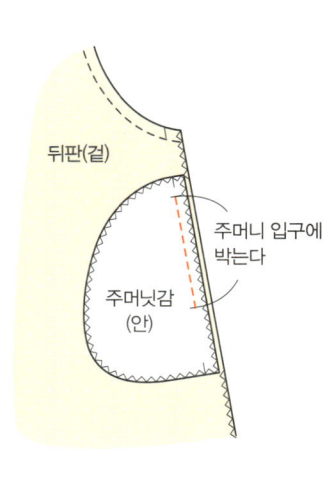

뒤판(겉)
주머니 입구에 박는다
주머닛감 (안)

6 옆선을 박고 주머니를 만든다.

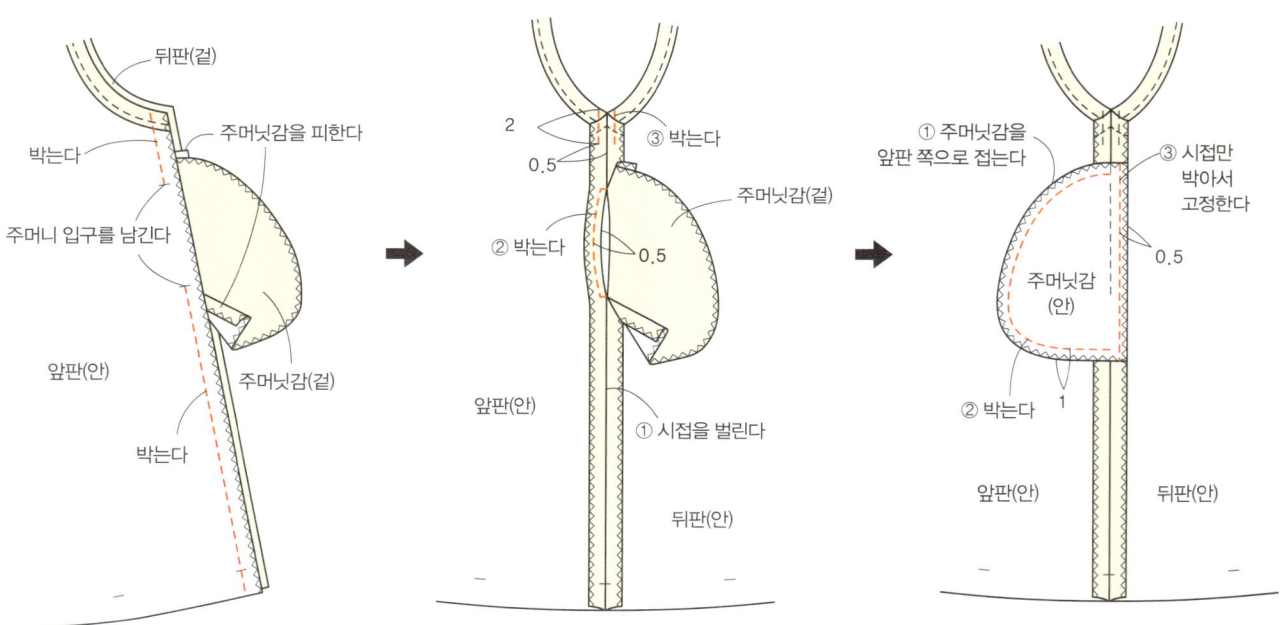

뒤판(겉)
박는다
주머닛감을 피한다
주머니 입구를 남긴다
앞판(안)
주머닛감(겉)
박는다

2
0.5
③ 박는다
② 박는다
0.5
주머닛감(겉)
앞판(안)
① 시접을 벌린다
뒤판(안)

① 주머닛감을 앞판 쪽으로 접는다
③ 시접만 박아서 고정한다
0.5
주머닛감 (안)
② 박는다
1
앞판(안)
뒤판(안)

7 밑단을 박는다.

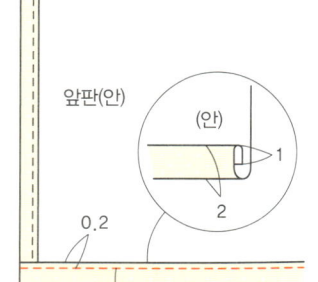

앞판(안)
(안)
1
2
0.2
두번 접어박기

8 단추를 단다.

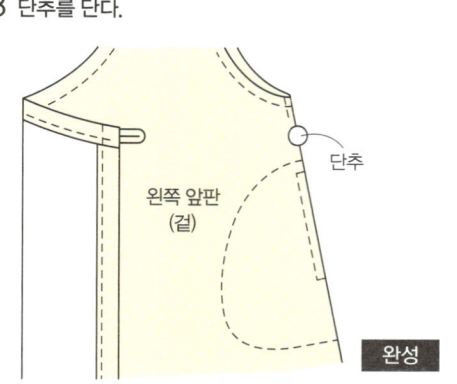

오른쪽 앞판
단추
뒤판(안)

왼쪽 앞판 (겉)
단추

완성

재료
21 옷감(면 폴리에스테르 줄무늬) 112cm 폭 180cm
21 배색감(면 폴리에스테르 덩거리) 112cm 폭 70cm
22 옷감(면 론 리플) 110cm 폭 180cm
22 배색감(면마 캔버스) 110cm 폭 70cm
납작 고무줄 15mm 폭 70cm

[만드는 순서]

실물 크기 옷본

◆ **A면 10** : 가슴바대
　A면 21 : 주머니

※ 앞 몸판, 뒤 몸판, 어깨끈, 허리끈,
　바인딩감은 직선 부분이므로 옷감에
　직접 그려서 마름질합니다.

◆ **옷본 수정하는 법**
※ 가슴바대에 밑덧단을 붙입니다.

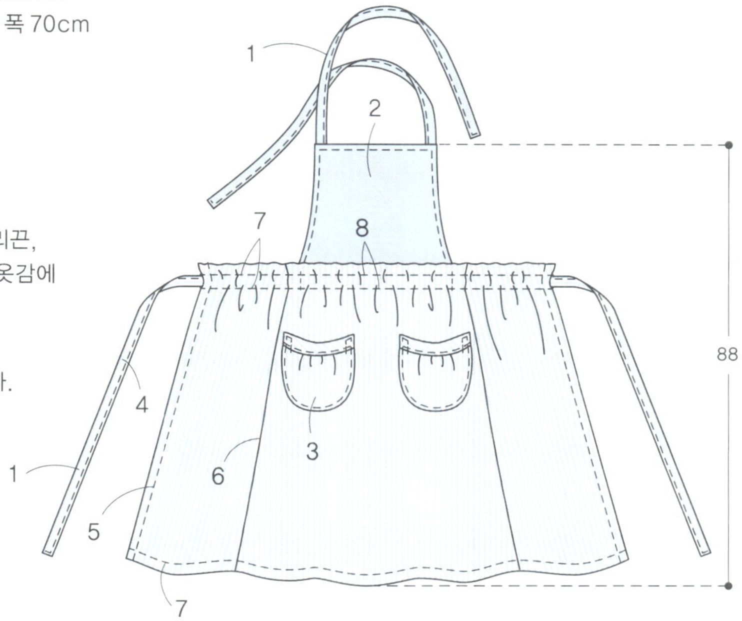

옷본 수정하는 법

88

가슴바대
(배색감·2장)

어깨끈 다는 위치

0.2

앞판 중심선
(골선)

36으로
줄인다

가슴바대

허리끈

1

4.5 밑덧단

박아서
고정한다

몸판 눌러박기

몸판

납작
고무줄

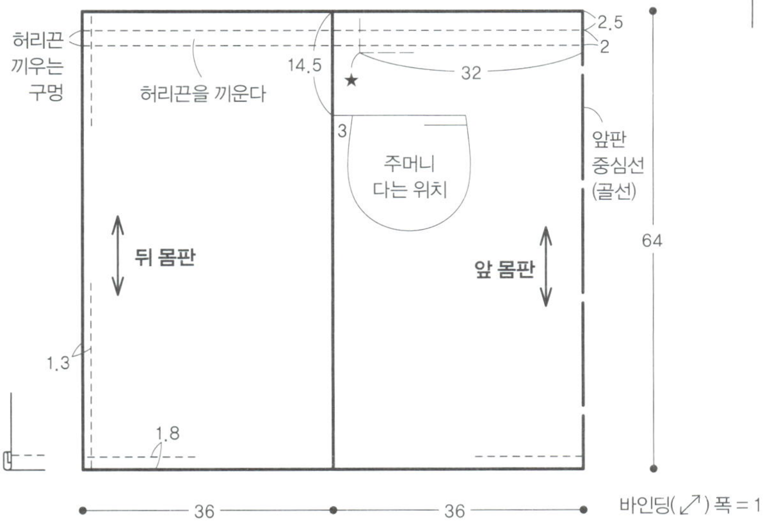

어깨끈
(배색감·2장)

3

0.2

1.5

접음선

67

허리끈
(옷감·2장)

3

0.2

1.5

접음선

70

납작 고무줄
다는 위치

= 10 옷본
(10 옷본 제도는 84쪽)

허리끈
끼우는
구멍

허리끈을 끼운다

14.5 ★

32

2.5
2

3

주머니
다는 위치

앞판
중심선
(골선)

뒤 몸판

앞 몸판

64

1.3

1.8

36

36

바인딩(↗) 폭 = 1

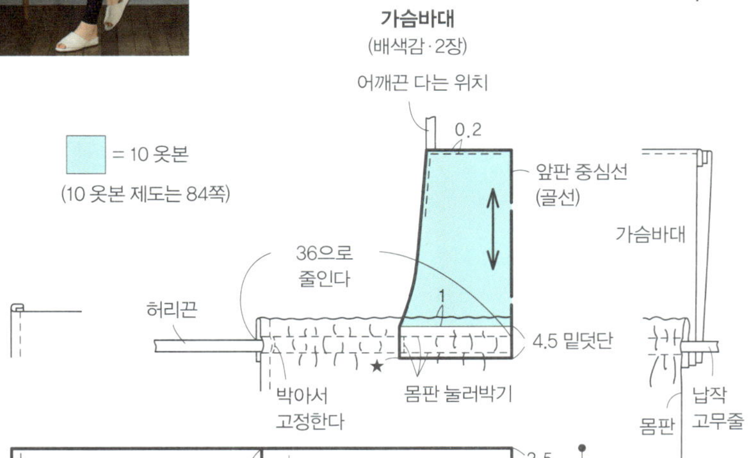

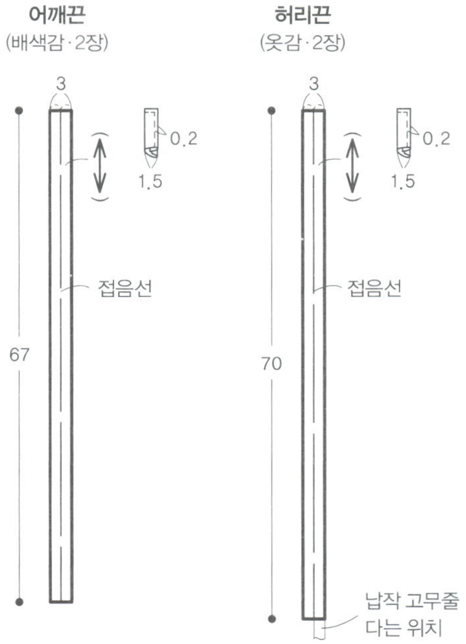

기본 옷본 제도

주머니

16

바인딩

잘라서
벌린다

0.2

16

4.5

20

〈잘라서 벌린 그림〉

주름

8

주
머
니

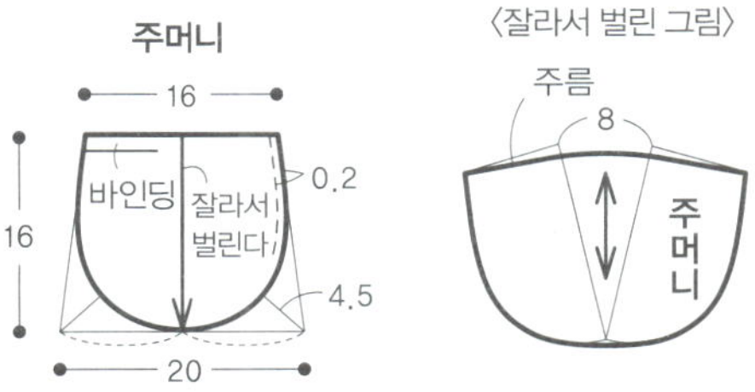

1 어깨끈, 허리끈을 만든다.

2 어깨끈을 끼워서 가슴바대를 만든다.

[옷감을 마름질하는 법]

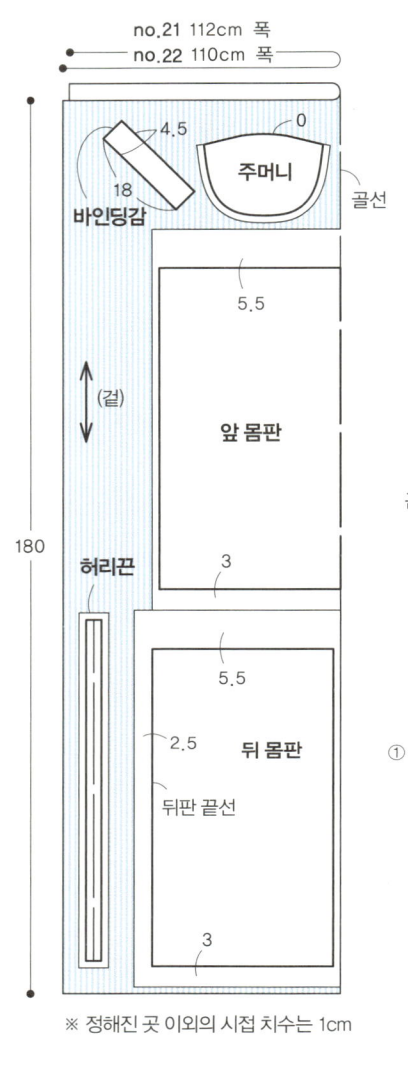

no.21 112cm 폭
no.22 110cm 폭

바인딩감
4.5
18
주머니
골선
0

5.5
앞 몸판
(겉)

180

허리끈
3

5.5
뒤 몸판
2.5
뒤판 끝선
3

※ 정해진 곳 이외의 시접 치수는 1cm

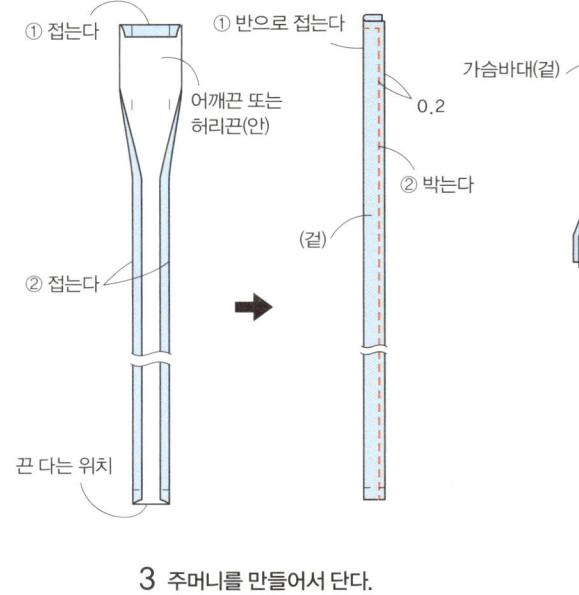

① 접는다
① 반으로 접는다
어깨끈 또는 허리끈(안)
0.2
② 접는다
② 박는다
(겉)
끈 다는 위치

어깨끈을 끼운다
가슴바대(겉)
박는다
가슴바대(안)

0.2
① 겉으로 뒤집는다
② 박는다
가슴바대(겉)
③ 2장을 같이 지그재그로 박는다

3 주머니를 만들어서 단다.
(바인딩감 만드는 법은 77쪽 참조)

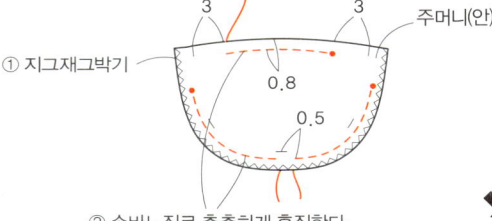

3   3
주머니(안)
① 지그재그박기
0.8
0.5
② 손바느질로 촘촘하게 홈질한다

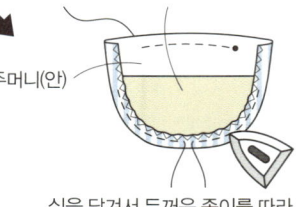

주머니 곡선과 같은 모양으로 오린 두꺼운 종이
주머니(안)
실을 당겨서 두꺼운 종이를 따라 접는다

16
실을 당겨서 주름을 잡는다
주머니(겉)

[배색감을 마름질하는 법]

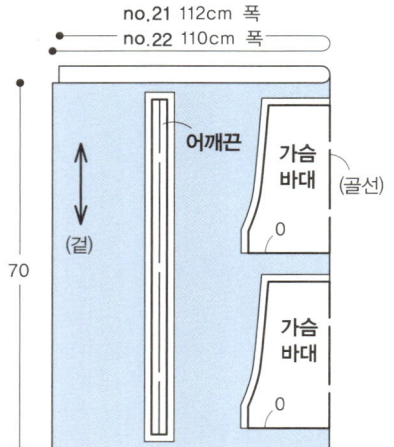

no.21 112cm 폭
no.22 110cm 폭

어깨끈
가슴 바대
(골선)
0
(겉)
70
가슴 바대
0

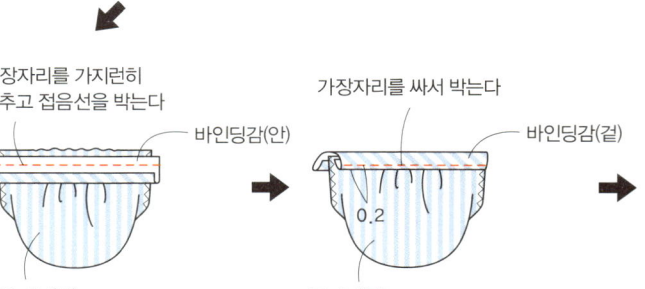

가장자리를 가지런히 맞추고 접음선을 박는다
바인딩감(안)
주머니(겉)

가장자리를 싸서 박는다
바인딩감(겉)
0.2
주머니(겉)

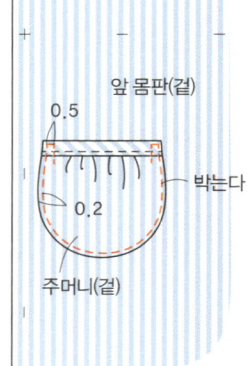

앞 몸판(겉)
0.5
박는다
0.2
주머니(겉)

4 허리끈과 납작 고무줄을 잇는다

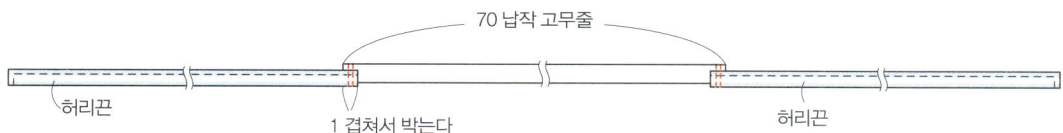

70 납작 고무줄

허리끈

1 겹쳐서 박는다

허리끈

5 뒤판 끝선을 박는다.

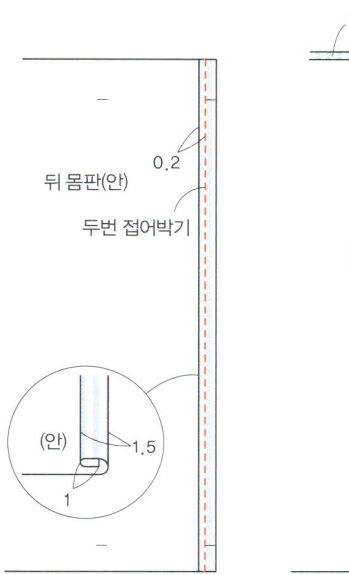

뒤 몸판(안)

0.2

두번 접어박기

(안)

1.5

1

6 옆선을 박는다.

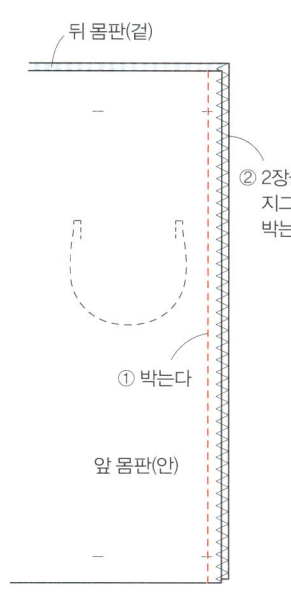

뒤 몸판(겉)

② 2장을 같이 지그재그로 박는다

① 박는다

앞 몸판(안)

8 허리끈을 끼우고 가슴바대와 앞 몸판을 잇는다.

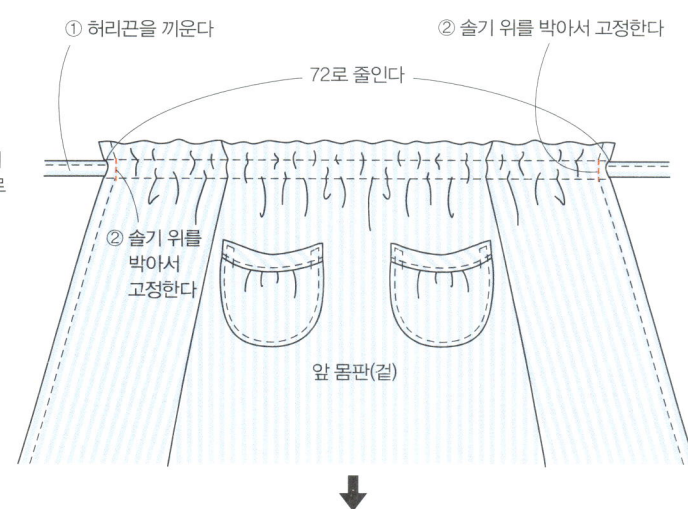

① 허리끈을 끼운다

② 솔기 위를 박아서 고정한다

72로 줄인다

② 솔기 위를 박아서 고정한다

앞 몸판(겉)

7 허리선을 박고 밑단을 박는다.

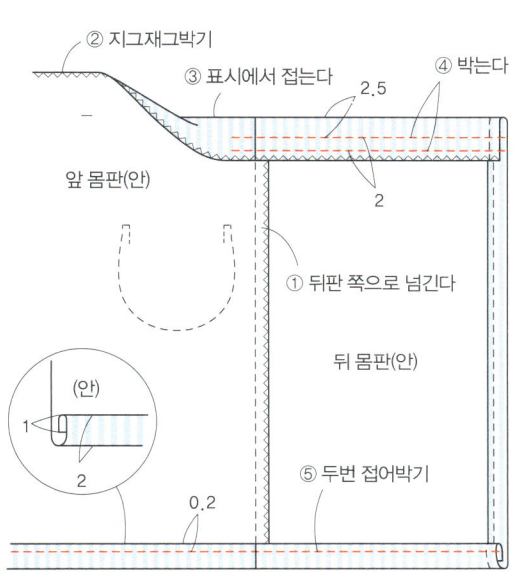

② 지그재그박기

③ 표시에서 접는다

④ 박는다

2.5

앞 몸판(안)

2

① 뒤판 쪽으로 넘긴다

(안)

1

2

뒤 몸판(안)

⑤ 두번 접어박기

0.2

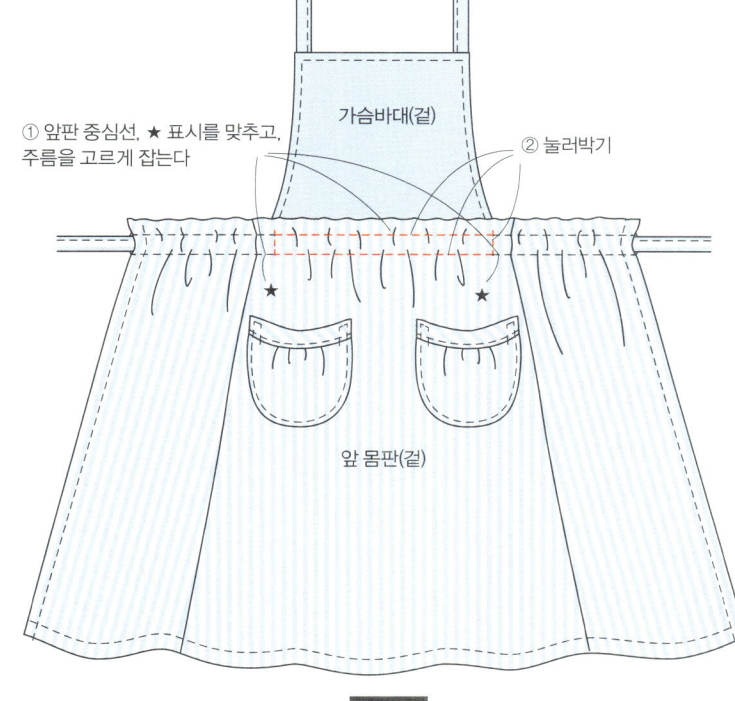

① 앞판 중심선, ★ 표시를 맞추고, 주름을 고르게 잡는다

가슴바대(겉)

② 눌러박기

★

★

앞 몸판(겉)

완성

재료
옷감(면) 110cm 폭 90cm
배색감(시팅) 90cm 폭 130cm
단추 지름 15mm 2개

실물 크기 옷본

◆ B면 25 : 몸판/ 주머니 / 안단 / 덧댐천

※ 어깨끈, 허리끈, 프릴, 바이어스감은 직선 부분이므로
   옷감에 직접 그려서 마름질합니다.

[만드는 순서]

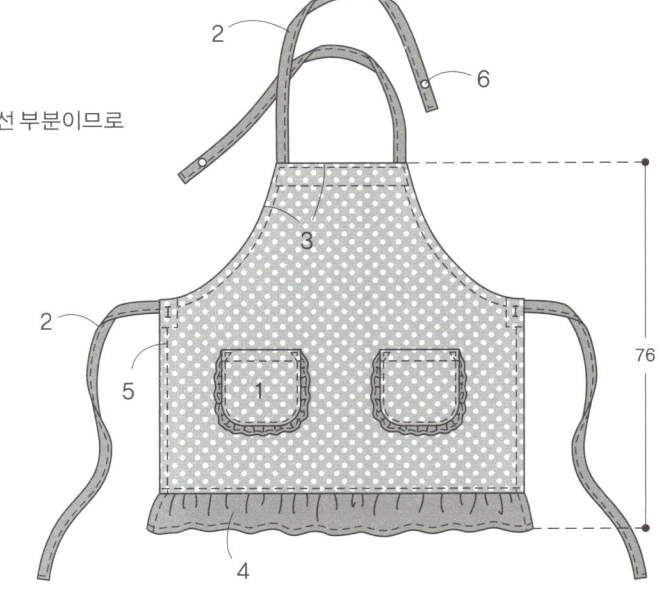

어깨끈
(배색감·2장)

뒤
5
단추
4
75
접음선
0.2
2

허리끈
(배색감·2장)

4
71
접음선
0.2
2

주머니 프릴
(배색감·2장)

1.5
8
0.4
주름
75
8

[옷감을 마름질하는 법]

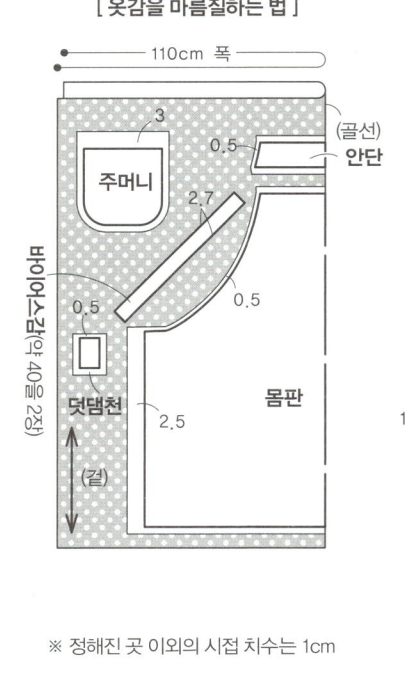

110cm 폭
주머니
3
(골선)
안단
0.5
2.7
0.5
바이어스감(약 40을 2장)
0.5
덧댐천
2.5
몸판
(겉)

※ 정해진 곳 이외의 시접 치수는 1cm

[배색감을 마름질하는 법]

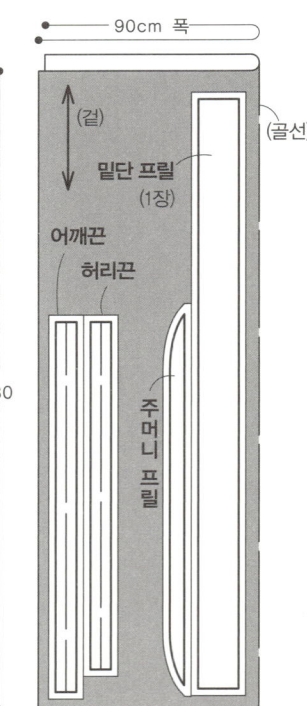

90cm 폭
(겉)
밑단 프릴
(1장)
(골선)
어깨끈
허리끈
주머니
프릴
130

= 25 옷본

(25 옷본 제도는 50쪽)

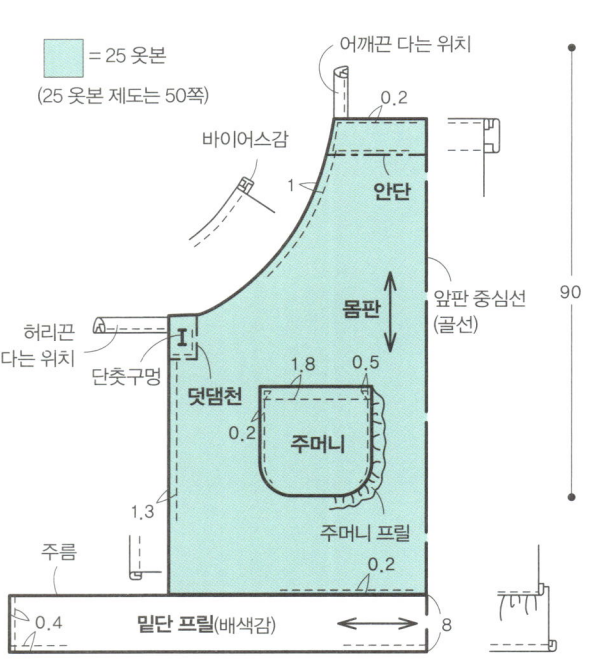

어깨끈 다는 위치
0.2
바이어스감
1
안단
허리끈
다는 위치
단춧구멍
덧댐천
몸판
앞판 중심선
(골선)
90
1.8
0.5
0.2
주머니
1.3
주머니 프릴
0.2
주름
0.4
밑단 프릴(배색감)
8
60

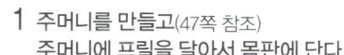
1 주머니를 만들고(47쪽 참조)
주머니에 프릴을 달아서 몸판에 단다.

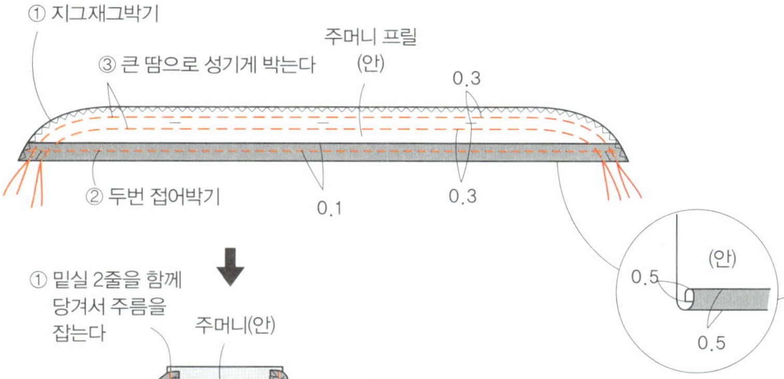

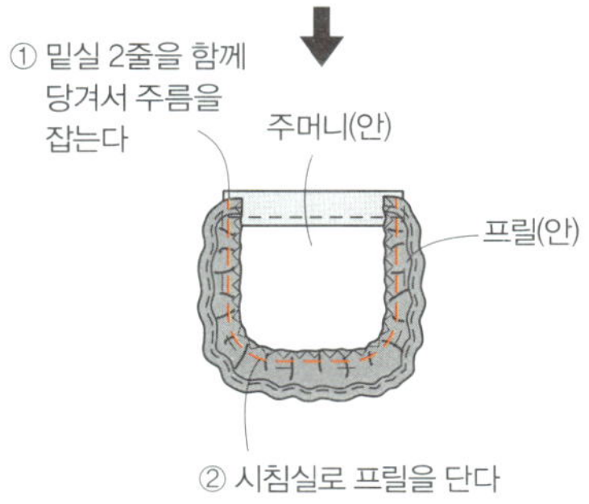

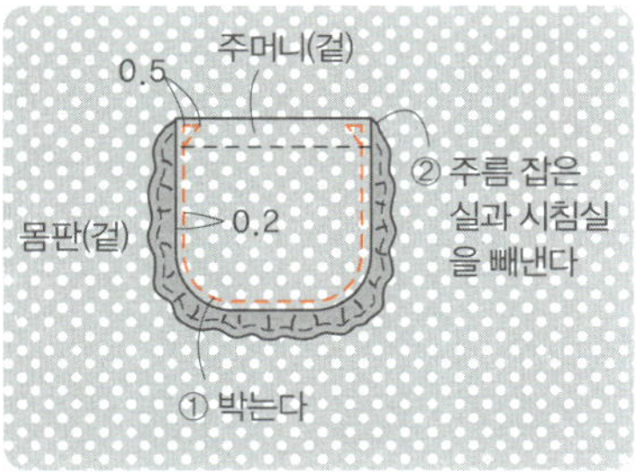

2 어깨끈, 허리끈을 만든다. (47쪽 참조)

3 가슴선, 진동둘레를 박는다. (47쪽 참조)

4 밑단 프릴을 만들어서 단다.

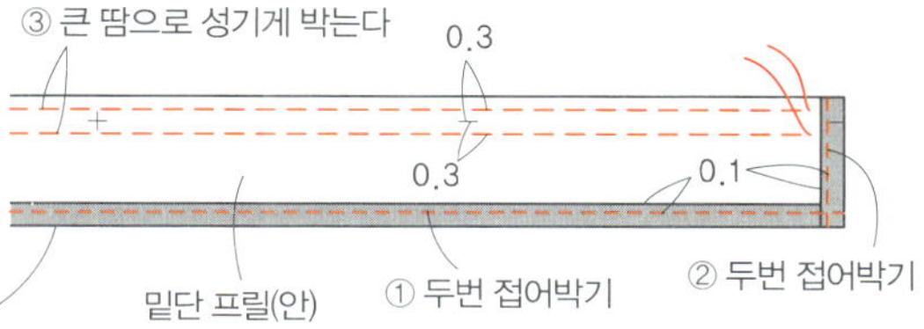

① 지그재그박기
③ 큰 땀으로 성기게 박는다
주머니 프릴
(안)
0.3
② 두번 접어박기
0.1
0.3

③ 큰 땀으로 성기게 박는다
0.3
0.3
0.1
밑단 프릴(안)
① 두번 접어박기
② 두번 접어박기

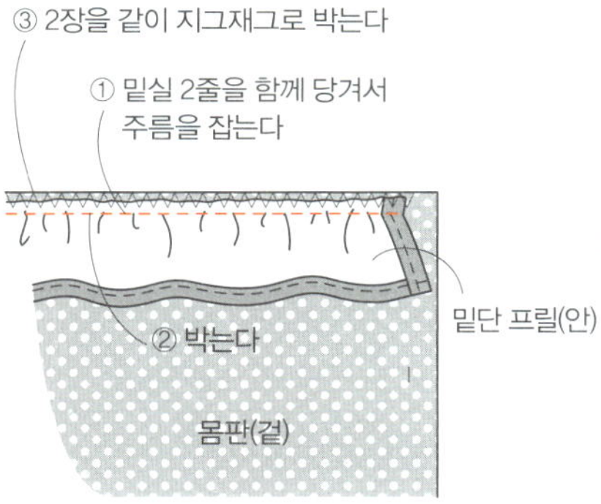

(안)
0.5
0.5

① 밑실 2줄을 함께
당겨서 주름을
잡는다
주머니(안)
프릴(안)
② 시침실로 프릴을 단다

③ 2장을 같이 지그재그로 박는다
① 밑실 2줄을 함께 당겨서
주름을 잡는다
② 박는다
밑단 프릴(안)
몸판(겉)

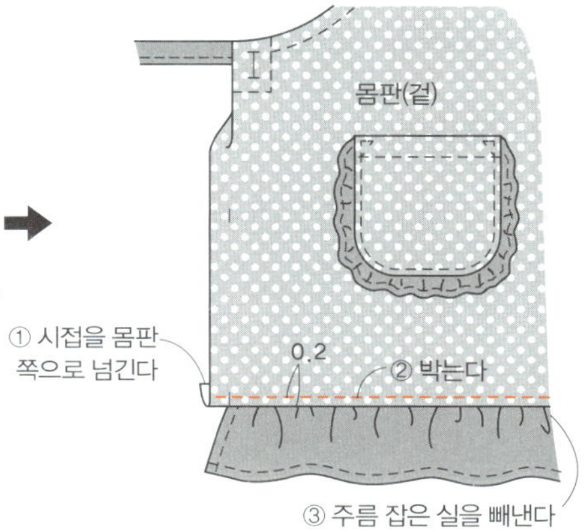

몸판(겉)
① 시접을 몸판
쪽으로 넘긴다
0.2
② 박는다
③ 주름 잡은 실을 빼낸다

주머니(겉)
0.5
② 주름 잡은
실과 시침실
을 빼낸다
몸판(겉)
0.2
① 박는다

5 뒤판 끝선을 박는다.

page 59 _ 31

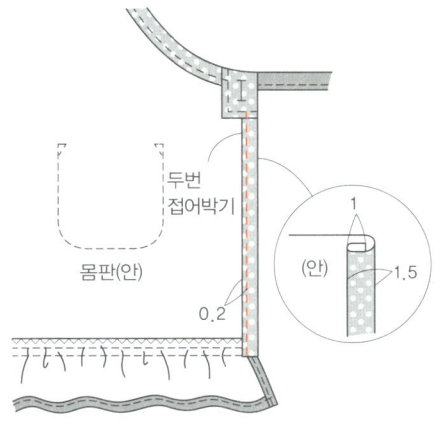

재료
옷감(면 브로드클로스) 60cm 폭 60cm
※ 작품은 직선 부분이므로 옷감에 직접
그려서 마름질합니다.

[옷감을 마름질하는 법]

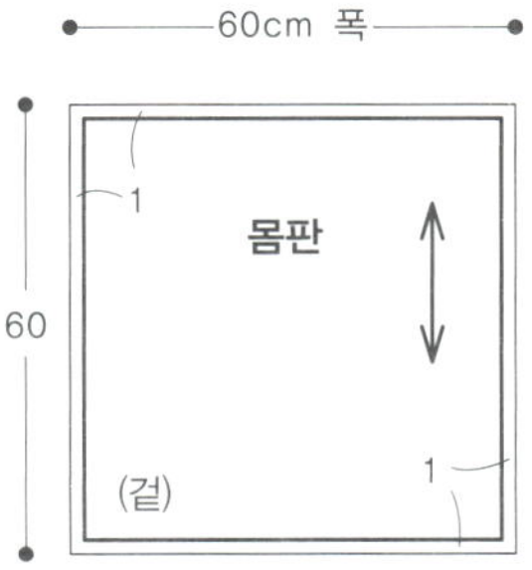

60cm 폭
몸판
60
1
(겉)
1

0.5
(안)
0.5

만드는 법

가장자리를 두번
접어박기
0.1
몸판(겉)
58
58

두번
접어박기
몸판(안)
0.2
1
(안)
1.5

6 단추를 단다. **완성**

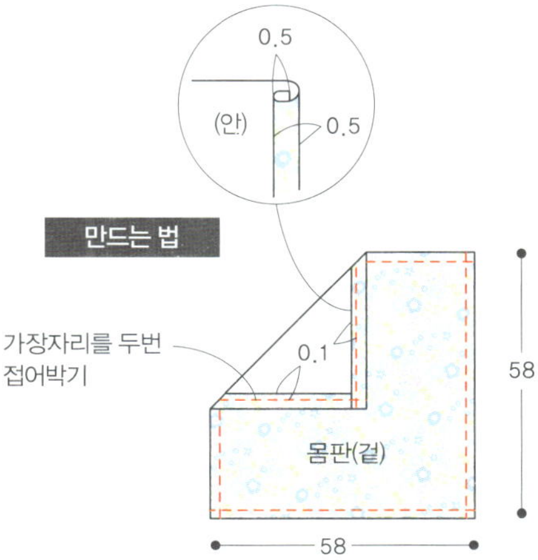

재료
옷감(면 브로드클로스) 110cm 폭 200cm
접착심지(FV-2N) 10cm 폭 10cm

실물 크기 옷본

◆ B면 29 : 겉 앞쪽 가슴바대 / 겉 뒤쪽·안 가슴바대

※ 가슴바대 이외에는 직선 부분이므로 옷감에 직접
　그려서 마름질합니다.

기본 옷본 제도

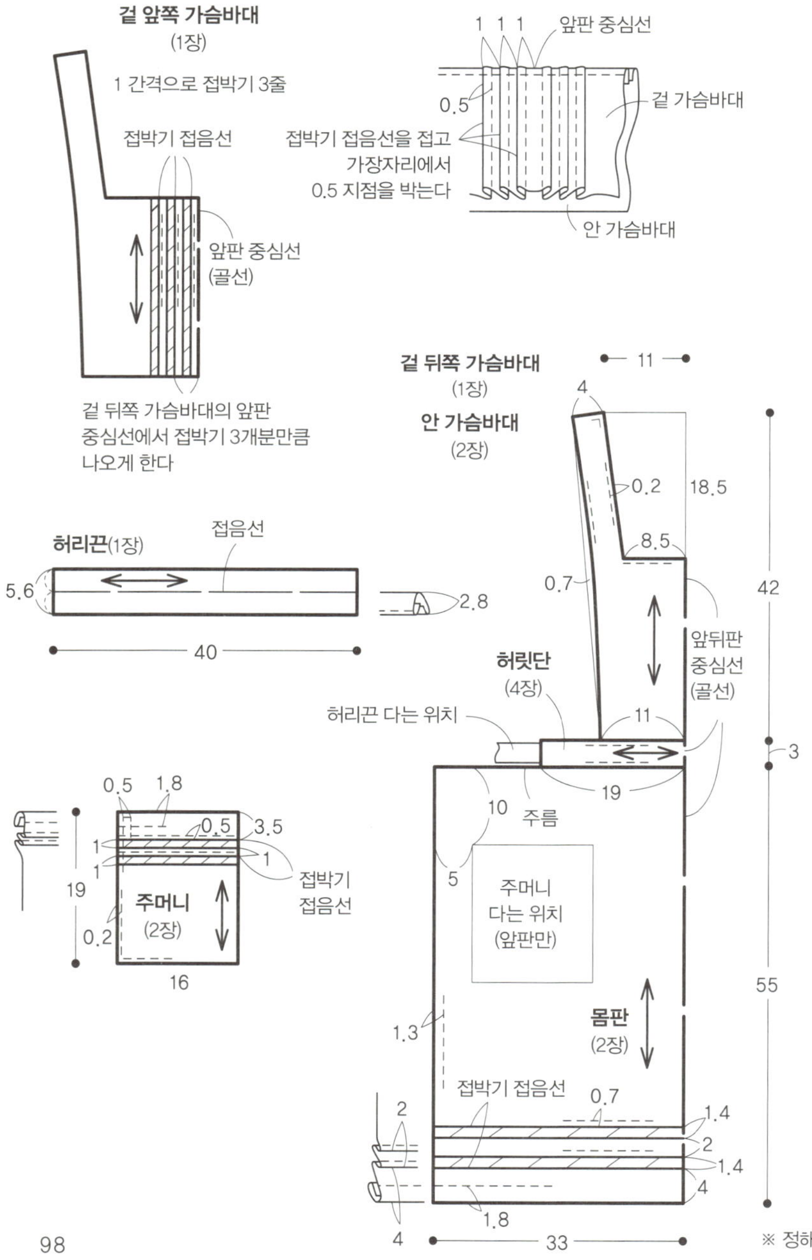

겉 앞쪽 가슴바대
(1장)

1 간격으로 접박기 3줄

접박기 접음선

앞판 중심선
(골선)

겉 뒤쪽 가슴바대의 앞판
중심선에서 접박기 3개분만큼
나오게 한다

1　1　1
앞판 중심선
0.5
겉 가슴바대

접박기 접음선을 접고
가장자리에서
0.5 지점을 박는다

안 가슴바대

허리끈(1장)　　접음선
5.6
40
2.8

주머니
(2장)
0.5　1.8
0.5　3.5
1
1
1
19
접박기
접음선
0.2
16

겉 뒤쪽 가슴바대
(1장)
안 가슴바대
(2장)

11
4
0.2　18.5
8.5
0.7
42
앞뒤판
중심선
(골선)
11
3
19

허릿단
(4장)
허리끈 다는 위치

주름
10
5
주머니
다는 위치
(앞판만)

몸판
(2장)
55
1.3
접박기 접음선
0.7
1.4
2
1.4
2
4
1.8
4　　33

[옷감을 마름질하는 법]

110cm 폭

주머니
허리
끈
앞뒤판
중심선
3
골선

허릿단
허리
끈
겉 앞쪽 가슴바대

골선

겉 뒤쪽 가슴바대
(겉)
안 가슴바대

몸판
2.5

몸판
2.5

200

3

3

3

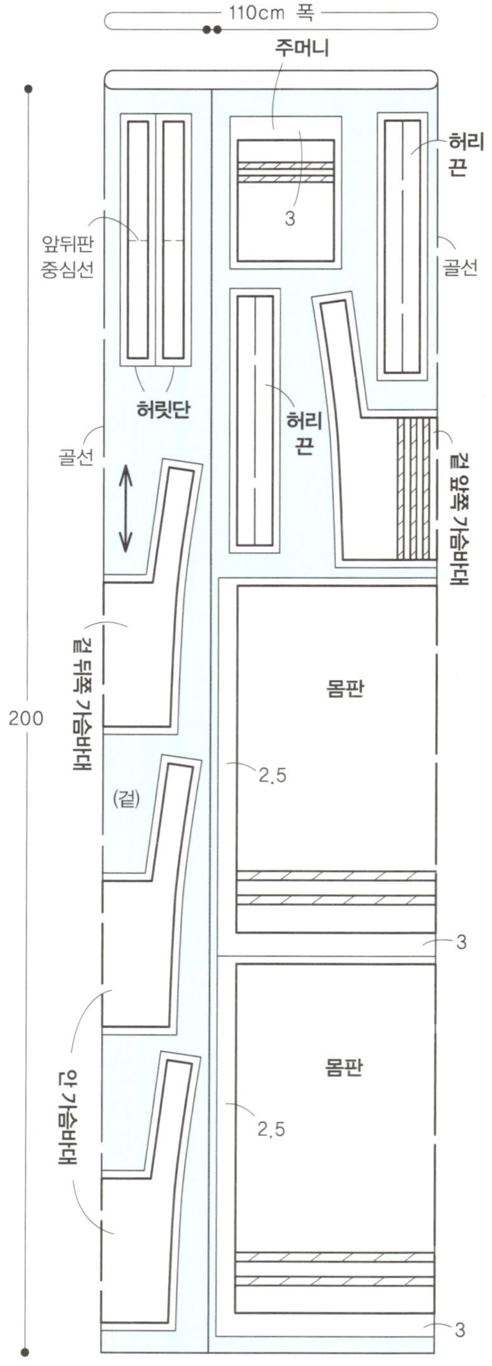

※ 정해진 곳 이외의 시접 치수는 1cm

1 가슴바대 4장의 모서리에 접착심지를 붙인다.

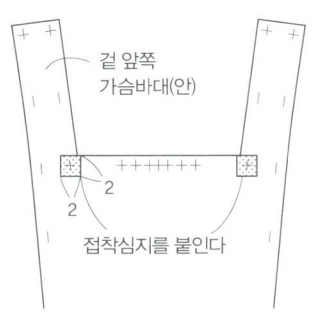

겉 앞쪽 가슴바대(안)

2

2

접착심지를 붙인다

2 접박기를 한다. (주머니, 몸판의 접박기도 같음)

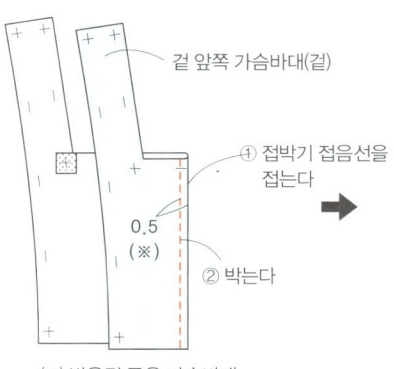

겉 앞쪽 가슴바대(겉)

① 접박기 접음선을 접는다

0.5 (※)

② 박는다

(※) 박음질 폭은 가슴바대
· 주머니는 0.5, 몸판은 0.7

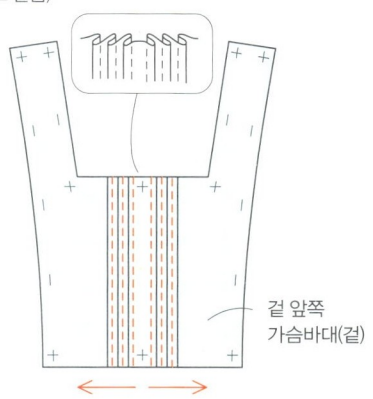

겉 앞쪽 가슴바대(겉)

접박기 주름을 옆선 쪽으로 넘긴다

3 옆선을 박는다. (안 가슴바대도 같음)

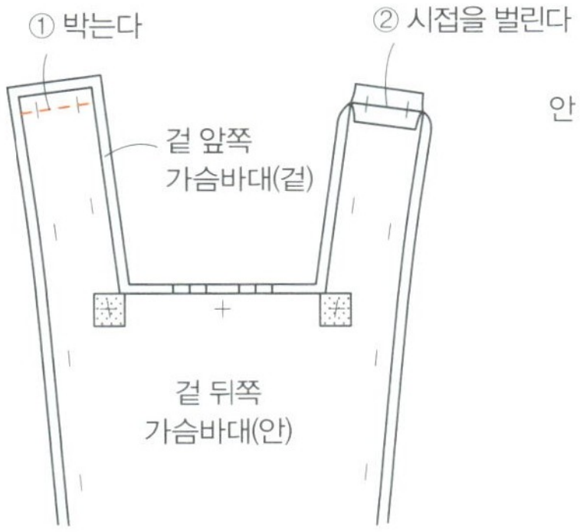

① 박는다

② 시접을 벌린다

겉 앞쪽 가슴바대(겉)

겉 뒤쪽 가슴바대(안)

4 겉 가슴바대와 안 가슴바대를 잇는다.

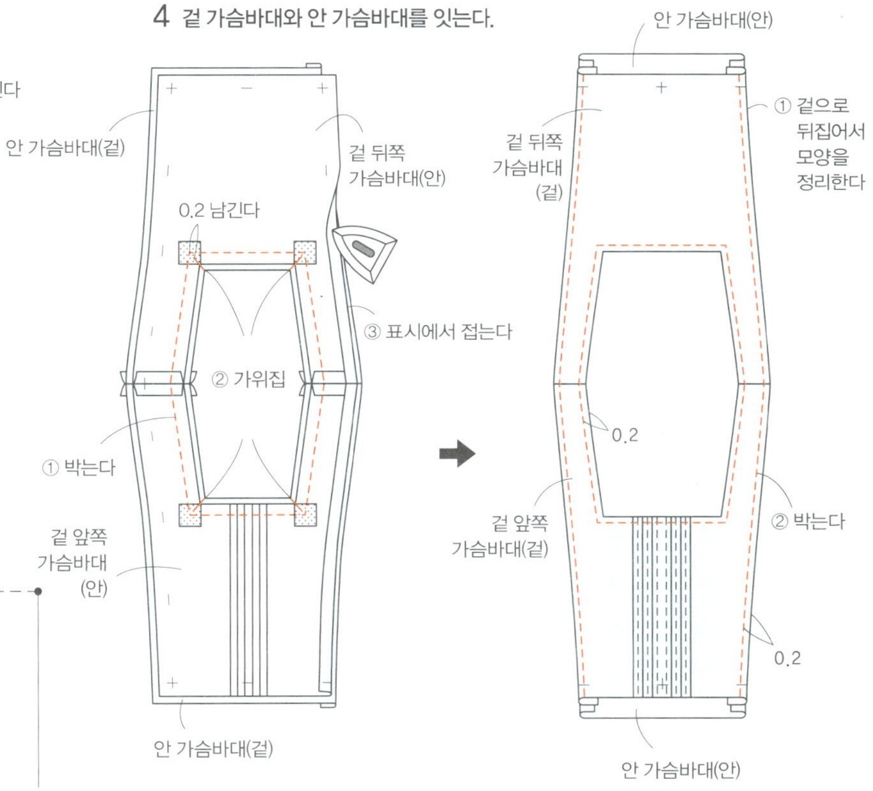

안 가슴바대(겉)

겉 뒤쪽 가슴바대(안)

0.2 남긴다

③ 표시에서 접는다

② 가위집

① 박는다

겉 앞쪽 가슴바대(안)

안 가슴바대(겉)

안 가슴바대(안)

① 겉으로 뒤집어서 모양을 정리한다

겉 뒤쪽 가슴바대(겉)

0.2

② 박는다

겉 앞쪽 가슴바대(겉)

0.2

안 가슴바대(안)

[만드는 순서]

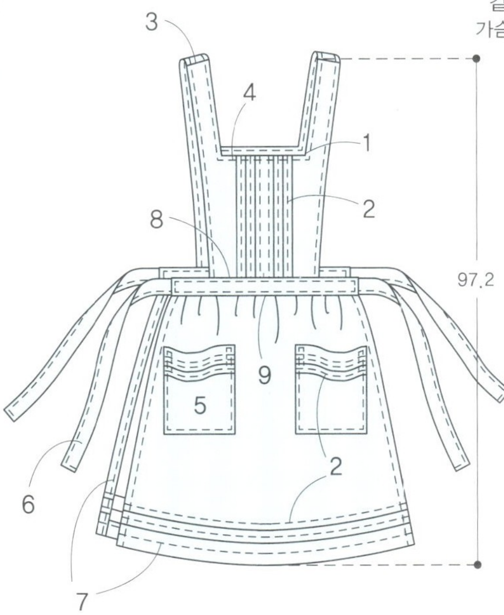

3
4
1
8
2
9
5
2
6
7

97.2

5 주머니를 만들어서 단다.

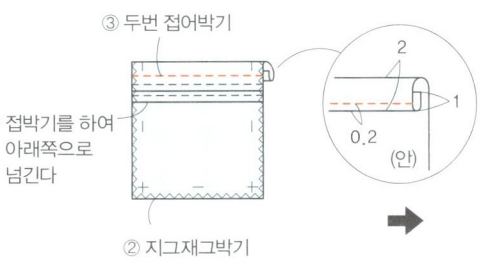

③ 두번 접어박기

① 접박기를 하여 아래쪽으로 넘긴다

② 지그재그박기

2
0.2
1
(안)

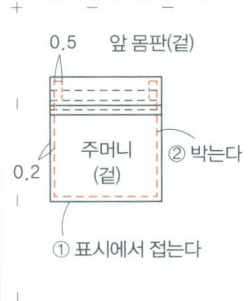

0.5   앞 몸판(겉)

0.2

주머니 (겉)

② 박는다

① 표시에서 접는다

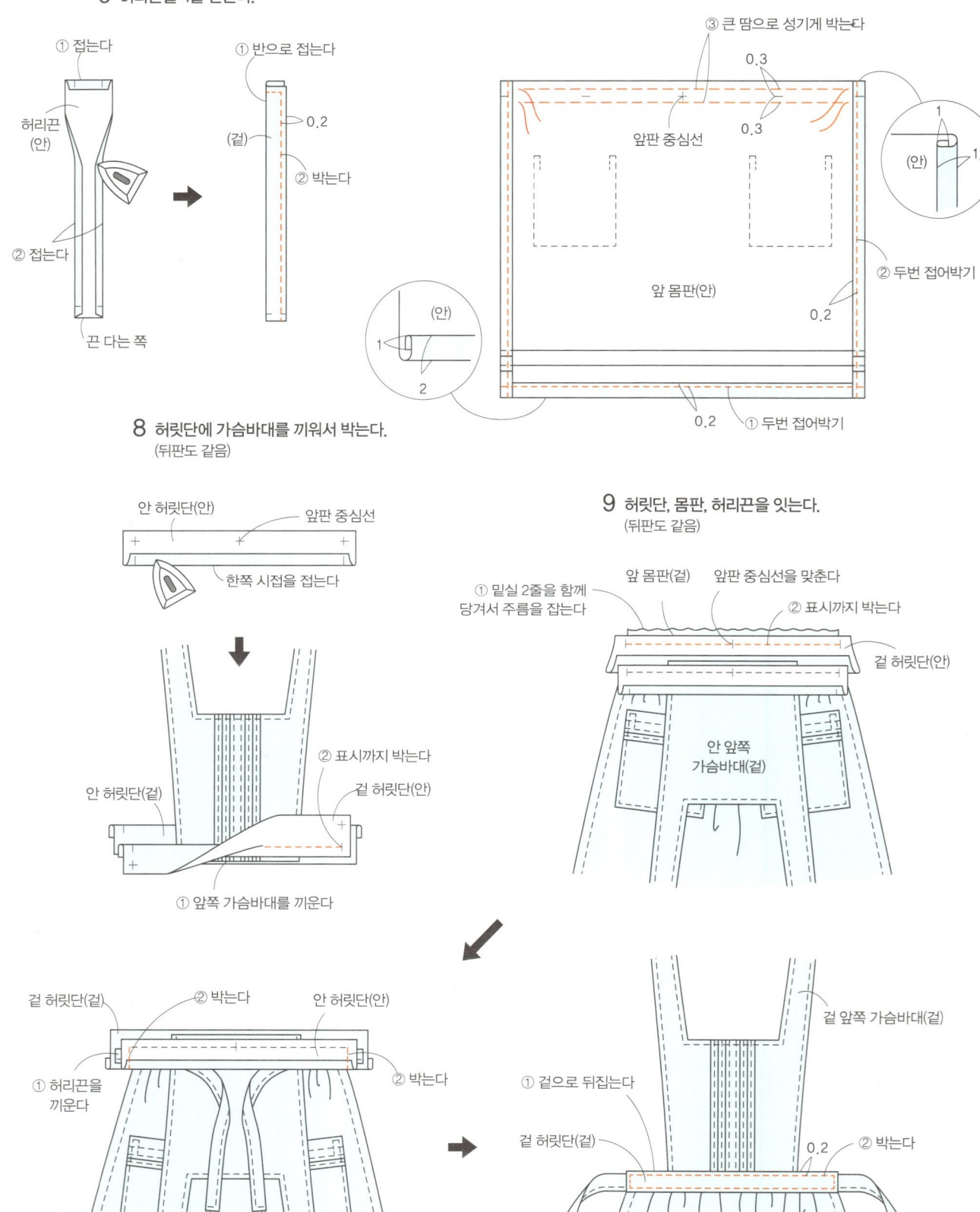

6 허리끈을 4줄 만든다.

① 접는다
① 반으로 접는다

허리끈 (안)

(겉)
0.2
② 박는다

② 접는다

끈 다는 쪽

7 밑단을 박고 옆선을 박는다. (뒤판도 같음)

③ 큰 땀으로 성기게 박는다
0.3
0.3

앞판 중심선

(안)
1
1.5

앞 몸판(안)

② 두번 접어박기
0.2

(안)
1
2

0.2
① 두번 접어박기

8 허릿단에 가슴바대를 끼워서 박는다.
(뒤판도 같음)

안 허릿단(안)
앞판 중심선

② 한쪽 시접을 접는다

② 표시까지 박는다

안 허릿단(겉)
겉 허릿단(안)

① 앞쪽 가슴바대를 끼운다

9 허릿단, 몸판, 허리끈을 잇는다.
(뒤판도 같음)

① 밑실 2줄을 함께 당겨서 주름을 잡는다
앞 몸판(겉)
앞판 중심선을 맞춘다
② 표시까지 박는다
겉 허릿단(안)

안 앞쪽 가슴바대(겉)

겉 허릿단(겉)
② 박는다
안 허릿단(안)

① 허리끈을 끼운다
② 박는다

① 겉으로 뒤집는다

겉 앞쪽 가슴바대(겉)

겉 허릿단(겉)
0.2
② 박는다

100

완성